第2章 ストレスチェックの実施と結果の通知

2-1 ストレスチェックの実施方法 …………………………… 48
ストレスチェックの検査項目／ストレスチェックの社員への案内／健康診断と同時に実施する場合／調査票はどのようなものか
- ● ストレスチェックの社員への案内文例　49
- ● 職業性ストレス簡易調査票　52
- ● 職業性ストレス簡易調査票（簡略版23項目）　55

2-2 高ストレス者の選定 ……………………………………… 56
高ストレス者の選定基準／高ストレス者の選定例／高ストレス者の選定方法（数値基準に基づいて選定する方法）
- ● 職業性ストレス簡易調査票の回答例　59

2-3 ストレスチェック結果の通知 …………………………… 62
ストレスチェック結果の通知内容／ストレスチェック結果を通知するうえでの留意点／面接指導の申出の勧奨／ストレスチェックの実施プログラム
- ● ストレスチェック結果の通知例　64

2-4 ストレスチェック結果の記録・保存 …………………… 68
ストレスチェック結果の保存義務／保存が必要な個人のストレスチェック結果の記録の内容／保存方法

第3章 面接指導を実施する際の注意点

3-1 面接指導の実施方法 ……………………………………… 72
事業者が面接指導の対象労働者を確認する／医師等が面接指導の勧奨

を行う／面接指導の申出は書面や電子メールで行う／面接指導は申出から1か月以内に実施する／産業医等が面接指導を行う／面接指導の進め方

- ● 面接指導勧奨文例1　73
- ● 面接指導勧奨文例2　74
- ● 面接指導に係る申出書　75
- ● 面接指導自己チェック表の例　79

3-2　医師からの意見聴取と就業上の措置の決定 …………81

面接指導後、遅滞なく医師から意見聴取を行う／意見を聴く医師／医師から「就業上の措置の内容」への意見を聴く／労働者本人が事業者に伝えることを拒む場合／就業上の措置として考えられるもの／ストレスチェック実施から事後措置までの流れ

3-3　面接指導の結果は記録して5年間保存する …………84

面接指導の記録を作成するうえでの医師からの情報提供／面接指導結果の記録・保存の内容

- ● 面接指導結果報告書及び就業上の措置に係る意見書（記載例）　85

第4章　ストレスチェックの結果を集団ごとに集計・分析

4-1　ストレスチェックの結果を集団ごとに集計・分析する …………88

集団ごとの集計・分析により職場環境等の改善を図る／集計・分析に用いる調査票／対象が10人を下回るなら労働者全員の同意が必要／集計・分析結果は5年間保存が望ましい／集団ごとの集計・分析結果に基づく職場環境の改善

4-2　仕事のストレス判定図 …………90

仕事のストレス判定図とは／仕事のストレス判定図の特徴／仕事のストレス判定図の質問票例

- 仕事のストレス判定図を使用するための質問票の例　91

第5章　ストレスチェック制度における留意点

5-1　労働者の健康情報は保護しなければならない　96

結果を提供してもらうには労働者の同意が必要／実施事務従事者の守秘義務／本人以外が把握できない方法での通知／外部機関との情報共有

- ストレスチェックの結果の同意取得文書の例　99

5-2　ストレスチェックについての不利益取扱いの禁止　100

面接指導の申出を理由とした不利益な取扱いの禁止／受検しないことを理由とした不利益な取扱いの禁止／面接指導結果を理由とした不利益な取扱いの禁止／面接指導を経ずに就業上の措置を講じることはできない

5-3　産業医を活用するときの留意点　102

ストレスチェック制度における産業医等の位置づけ／産業医の具体的な役割／ストレスチェック制度に関する産業医との契約書例

- ストレスチェック制度に関する産業医との契約書例　103

5-4　外部機関を活用するときの留意点　105

外部機関を活用するときのチェックリスト／外部機関活用におけるコスト

5-5　派遣労働者へのストレスチェックは誰が行う？　113

集団ごとの集計・分析は派遣先事業者が行う／就業上の措置の留意点

5-6　労働者数50人未満の事業場はどうすればいい？　115

実施するときは法令、指針等に従う／地域産業保健センター等を活用

する／実施促進のための助成金

5-7　実施状況は労働基準監督署に報告する ……………… 117
検査および面接指導結果を報告する
- 心理的な負担の程度を把握するための検査結果等報告書（労働基準監督署報告様式）　118

第6章　ストレスチェック制度以外の一次予防

6-1　4つのケア ……………………………………………………… 120
ストレスチェック制度以外に様々な対策を行う意義／4つのケアとはどのようなものか
- メンタルヘルス相談窓口周知文書の例　123

第7章　ストレスチェック実施後の対応が大切

7-1　高ストレスの原因を確認しておく ……………………… 132
意見聴取と就業上の措置だけで終わりではない！／メンタルヘルス不調の原因／原因の確認は、とても重要

7-2　安全配慮義務について責任追及されるリスクがある ……………………… 134
安全配慮義務違反とは／ストレスチェックと安全配慮義務／過重労働とハラスメントに要注意

7-3　過重労働について確認する …………………………… 136
国の過重労働対策は強化されている／精神障害の労災認定基準を知っ

ておく／現状の確認1――記録上の労働時間を確認する／現状の確認2――実際の労働時間を確認する

7-4 ハラスメントについて確認する 142

パワハラの現状／セクハラの現状／精神障害の労災認定基準／ハラスメントの現状確認／現状確認後の対応

7-5 私傷病休職に備える 148

ストレスチェック制度実施後の休職に備える／私傷病休職とは／休職・復職に関する規定例／専門医の受診義務に関する規定例

- ● 休職・復職に関する規定例　149
- ● 健康診断の受診義務に関する規定例　151

第8章 職場でのコミュニケーションの円滑化を図る

8-1 社員のやる気を引き出す 154

労働条件以外の要素も重要

8-2 良好な職場環境を形成する4原則 155

良好な職場環境を形成するための4原則／名前を覚える、名前を呼ぶ／きちんとあいさつする／ほめる／感謝する

まとめ　160
索引　164

カバーデザイン●水野敬一
本文ＤＴＰ●一企画

第1章 ストレスチェック制度の基本的な考え方

ストレスチェック制度の概要

労働安全衛生法の一部改正により、ストレスチェック制度が創設されました。平成27年12月1日から施行されています。

ストレスチェック制度の目的と概要

　厚生労働省は、平成18年に「労働者の心の健康の保持増進のための指針」を公表し、事業場におけるメンタルヘルスケアの実施を促進してきました。しかし、仕事による強いストレスが原因で精神障害を発病し、労災認定される労働者が増加傾向にあり、労働者のメンタルヘルス不調を未然に防止することが重要な課題になっています。

　そこで、労働安全衛生法の一部を改正し、ストレスチェック（心理的な負担の程度を把握するための検査）およびその結果に基づく面接指導の実施等を内容とした**ストレスチェック制度**を創設しました。

　メンタルヘルスケアにつきましては、メンタルヘルス不調となることを未然に防止する「一次予防」、メンタルヘルス不調を早期に発見し、適切な対応を行う「二次予防」、メンタルヘルス不調となった労働者の職場復帰を支援する「三次予防」に分けられます。

　ストレスチェック制度は、この中の「一次予防」の強化を図るものです。

　すなわち、ストレスチェック制度を通じて、労働者のストレスの程度を把握し、労働者自身のストレスへの気づきを促します。そして、職場の改善につなげ、働きやすい職場づくりを進めることによって、労働者がメンタルヘルス不調となることの未然防止を図るものです。

　ストレスチェックは1年以内ごとに1回、定期に行います。第1回のストレスチェックは、平成27年12月1日から1年以内（平成28年11月30日まで）に、常時使用する労働者に対して実施する必要があります（結果通知や面接指導の実施までは含みません）。

　また、衛生委員会または安全衛生委員会（以下、「衛生委員会等」

第1章　ストレスチェック制度の基本的な考え方

◆精神障害の労災補償状況◆

区分	年度	平成22年度	平成23年度	平成24年度	平成25年度	平成26年度
精神障害	請求件数	1,181	1,272	1,257	1,409	1,456(551)
	決定件数	1,061	1,074	1,217	1,193	1,307(462)
	うち支給決定件数	308	325	475	436	497(150)
	[認定率]	[29.0%]	[30.3%]	[39.0%]	[36.5%]	[38.0%] (32.5%)
うち自殺	請求件数	171	202	169	177	213(19)
	決定件数	170	176	203	157	210(21)
	うち支給決定件数	65	66	93	63	99(2)
	[認定率]	[38.2%]	[37.5%]	[45.8%]	[40.1%]	[47.1%] (9.5%)

※平成26年度の（　）内は女性の件数です。なお、[認定率]の（　）内は、女性の支給決定件数を決定件数で除した数です。
（厚生労働省　平成26年度「過労死等の労災補償状況」）

請求件数、支給決定件数
いずれも増加傾向です。

◆ストレスチェック制度の位置づけ◆

一次予防	メンタルヘルス不調となることを未然に防止する
二次予防	メンタルヘルス不調を早期に発見し、適切な対応を行う
三次予防	メンタルヘルス不調となった労働者の職場復帰を支援する

ストレスチェック制度は、
一次予防を強化するものです。

といいます）での調査審議により、1年以内に複数回実施したり、繁忙期に実施することも労使で合意することで可能です。

ストレスチェックでは、医師または保健師等が実施者になりますが、実施者の補助のため人事担当者等を実施事務従事者として選任することができます。

ストレスチェック制度の用語の定義

ストレスチェック制度における主な用語の定義は以下のとおりです。

① 事業者

労働安全衛生法上における事業者とは「事業を行う者で、労働者を使用するものをいう。」と定義されており、具体的にはその事業における実施主体のことです。会社その他法人では法人そのもの、個人事業所では個人事業主のことを意味します。

② 産業医

産業医は、常時50人以上の労働者を使用するすべての事業場で一定の医師のなかから選任され、専門家として労働者の健康管理等にあたります。

ただし、常時3,000人を超える労働者を使用する事業場では、2人以上の産業医を選任することが義務づけられていますし、常時1,000人以上の労働者を使用する事業場、また、一定の有害な業務に常時500人以上の労働者を従事させる事業場では、専属の産業医を選任しなければなりません。

産業医の主な職務は以下のとおりです。

◆産業医の主な職務◆

1	健康診断および面接指導等の実施ならびにこれらの結果に基づく労働者の健康を保持するための措置に関すること
2	作業環境の維持管理に関すること
3	作業の管理に関すること

4	健康教育、健康相談その他労働者の健康の保持増進を図るための措置に関すること
5	衛生教育に関すること
6	労働者の健康障害の原因の調査および再発防止のための措置に関すること
7	労働者の健康を確保するため必要があると認めるときは、事業者に対し、労働者の健康管理等について必要な勧告をすることができます。また、労働者の健康障害の防止に関して、衛生管理者に対する指導、助言をすることができます。
8	少なくとも毎月1回作業場を巡視し、作業方法または衛生状態に有害のおそれがあるときに、直ちに、労働者の健康障害を防止するために必要な措置を講じなければなりません。

③ 衛生管理者

　衛生管理者は、一定の規模および業種の区分に応じ選任され、安全衛生業務のうち、衛生に係る全般を管理します。

　また、一定の要件に該当する場合は、衛生管理者のうち1人を専任の衛生管理者としなければなりません。

　衛生管理者の選任および専任が義務づけられている事業場、職務は以下に示すとおりです。

◆衛生管理者の選任が義務づけられている事業場◆

事業場の規模（常時使用する労働者数）	衛生管理者の数
50人～200人	1人
201人～500人	2人
501人～1,000人	3人
1,001人～2,000人	4人
2,001人～3,000人	5人
3,001人以上	6人

◆衛生管理者の専任が義務づけられている事業場◆

	事業場の規模（常時使用する労働者数）
1	業種にかかわらず常時1,000人を超える労働者を使用する事業場
2	常時500人を超える労働者を使用する事業場で、坑内労働または一定の有害な業務に常時30人以上の労働者を従事させる事業場

◆衛生管理者の主な職務◆

1	健康に異常のある者の発見および措置
2	作業環境の衛生上の調査
3	作業条件、施設等の衛生上の改善
4	労働衛生保護具、救急用具等の点検および整備
5	衛生教育、健康相談その他労働者の健康保持に必要な事項
6	労働者の負傷および疾病、それによる死亡、欠勤および移動に関する統計の作成
7	衛生日誌の記載等職務上の記録の整備
8	定期巡視 ※少なくとも毎週1回作業場を巡視し、設備、作業方法または衛生状態に有害のおそれがあるとき、直ちに、労働者の健康障害を防止するため必要な措置を講じます。

④　衛生委員会

　衛生委員会は、50人以上の労働者がいるすべての事業場に設けることとなっています。

　衛生委員会の調査審議事項は次ページの表に示すとおりです。この中で、「13　労働者の精神的健康の保持を図るための対策の樹立に関すること」がストレスチェックに関する事項になります。

　なお、衛生委員会、安全委員会（労働者の危険防止の対策等を行う委員会）それぞれの委員会の設置に代えて、安全衛生委員会を設置することができます。

◆調査審議事項◆

1	労働者の健康障害を防止するための基本となるべき対策に関すること
2	労働者の健康の保持増進を図るための基本となるべき対策に関すること
3	労働災害の原因および再発防止対策で、衛生に係るものに関すること
4	衛生に関する規程の作成に関すること
5	危険性または有害性の調査およびその結果に基づき講ずる措置に関すること
6	安全衛生に関する計画の作成、実施、評価、改善に関すること
7	衛生教育の実施計画の作成に関すること
8	有害性の調査ならびにその結果に対する対策の樹立に関すること
9	作業環境測定の結果およびその評価に対する対策の樹立に関すること
10	健康診断、医師の診断などの結果ならびにその結果に対する対策の樹立に関すること
11	健康の保持増進を図るため必要な措置の実施計画の作成に関すること
12	長時間労働者の健康障害の防止を図るための対策の樹立に関すること
13	労働者の精神的健康の保持を図るための対策の樹立に関すること

⑤　ストレスチェック制度

　ストレスチェックの実施、その結果に基づく医師による面接指導、面接指導結果に基づく就業上の措置など、労働安全衛生法第66条の10に係る事業場における一連の取組全体をいいます。

⑥　ストレスチェック

　医師、保健師等による心理的な負担の程度を把握するための検査をいいます。

⑦　実施者

　医師、保健師または厚生労働大臣が定める研修を修了した看護師もしくは精神保健福祉士で、ストレスチェックを実施する者です。

⑧　実施事務従事者

　実施者のほか、実施者の指示により、ストレスチェックの実施の事務（個人の調査票のデータ入力、結果の出力または結果の保存等）に携わる者です。

⑨　共同実施者・実施代表者

　事業場の産業医等および外部機関の医師が共同でストレスチェックを実施する場合等、実施者が複数名いる場合の実施者を「共同実施者」、この場合の複数名の実施者を代表する者を「実施代表者」といいます。

⑩　集団ごとの集計・分析

　ストレスチェック結果を事業場内の一定規模の集団（部・課等）ごとに集計し、集団のストレスの特徴および傾向を分析することです。

ストレスチェック制度の大まかな流れ

　次に、ストレスチェック制度の大まかな流れを次ページの図を使用して確認してみましょう。

　まず、医師、保健師等が労働者にストレスチェックを実施します。

　ストレスチェック結果は、検査を実施した医師、保健師等から労働者に通知され、労働者の同意が得られた場合に限り事業者に提供されます。

　そして、ストレスチェックの結果、一定の要件に該当する労働者から事業者に面接の申出があった場合（①）、事業者は医師に面接の実施を依頼して（②）、医師が労働者に面接指導を実施します（③）。

　面接指導の結果に基づき、事業者は医師の意見を聴取し（④）、必要に応じて、就業上の措置を実施します（⑤）。

◆ストレスチェック制度の大まかな流れ◆

```
医師、保健師等がストレスチェックを実施。
  → 結果通知・気づきの促進 → 労働者
  労働者 ←労働者の意向尊重→ ①面接の申出 → 事業者
      ※申出を理由とする不利益取扱を禁止
  労働者 ← 労働者の同意を得て通知 ← 事業者
  労働者 ← ⑤就業上の措置の実施 ← 事業者
  ③面接指導の実施 ← 医師（産業医等）
  指導相談 ↔ 産業医、保健師等
  ②面接実施依頼 → 医師
  ④医師から意見聴取 ← 医師
  ※時間外労働の制限、作業の転換等について意見
  相談・情報提供 → 相談、情報提供機関／医療機関
  連携
```

（厚生労働省　ストレスチェック制度「周知リーフレット」より）

ストレスチェック制度の取組み手順

次に、ストレスチェック制度の取組み手順についてみていきましょう。次ページの図をご覧ください。

（1）実施前

〈事業者による方針の表明〉

事業者は、法、規則および指針に基づき、ストレスチェック制度に関する基本方針を表明します（28ページを参照）。

〈衛生委員会等での調査審議〉

衛生委員会等において、ストレスチェック制度の実施方法等について調査審議を行います。その結果を踏まえ、事業者がその事業場におけるストレスチェック制度の実施方法等を規程として定めます（31ページを参照）。

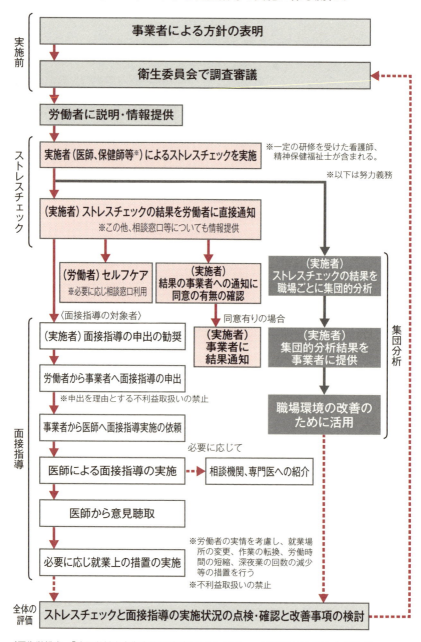

〈労働者に説明・情報提供〉

　作成した規程を労働者に周知するとともに、ストレスチェック実施に関して告知します。

(2) ストレスチェック
〈実施者（医師・保健師等）によるストレスチェックを実施〉

　医師、保健師または厚生労働大臣が定める研修を修了した看護師もしくは精神保健福祉士（以下「実施者」といいます）が、労働者に対してストレスチェックを行います（詳しくは48ページを参照）。

〈ストレスチェック結果を労働者に直接通知、相談窓口等についても情報提供〉

　実施者から労働者に対して、ストレスチェック結果を直接本人に通知します。面接指導の申出窓口等の情報提供を行います（62ページを参照）。

〈セルフケアと相談窓口の利用〉

　労働者は実施者からセルフケアのためのアドバイスや面接指導の申出窓口以外の相談窓口に関する情報提供があれば、必要に応じて対応します（73ページを参照）。

〈結果の事業者への通知に同意の有無の確認〉

　労働者の個別の同意がなければ、事業者に通知することは禁止されていますので、事業者への通知の同意の有無を確認します。同意があれば事業者へ通知します（96ページを参照）。

(3) 面接指導
〈面接指導の申出の勧奨〉

　ストレスチェックの結果、面接指導が必要とされた労働者に対しては、面接指導の対象者を把握している実施者が、面接指導の申出の勧奨を行います（65ページを参照）。

〈労働者から事業者へ面接指導の申出〉
　ストレスチェック結果の通知を受けた労働者のうち、面接指導を受ける必要があると実施者が認めた労働者から申出があった場合は、面接指導を実施することになります（72ページを参照）。

〈事業者から医師へ面接指導実施の依頼〉
　事業者は、面接指導実施について、医師に依頼します。

〈医師による面接指導の実施〉
　医師は、面接指導の際は、ストレスチェックの結果を精査し、ストレスの要因について聴取して、対応を検討します。必要に応じて、専門医等の紹介を行います（76ページを参照）。

〈医師からの意見聴取〉
　事業者は、面接指導を実施した医師から、就業上の措置に関する意見を聴取します（81ページを参照）。

〈必要に応じ就業上の措置の実施〉
　事業者は、医師の意見を勘案し、必要に応じて、就業場所の変更、作業の転換等、適切な措置を講じます（82ページを参照）。

(4) 集団分析

〈ストレスチェックの結果を職場ごとに集団的分析（努力義務）〉
　事業者は、実施者にストレスチェック結果を一定規模の集団ごとに集計・分析させ、必要に応じて適切な措置を講じます（88ページを参照）。

(5) 全体の評価

　ストレスチェックと面接指導の実施状況の点検・確認と改善事項を検討します。また、事業者は、面接指導の実施後に、ストレスチェックと面接指導の実施状況を労働基準監督署に報告します（117ページを参照）。

ストレスチェック制度の対象

> ストレスチェック制度の対象となるのは事業場単位です。また、対象となる労働者は一般健診と同様の取扱いです。

ストレスチェック制度の対象となる事業場

　ストレスチェック制度は、常時使用する労働者に対して実施することが事業者の義務となります。ただし、労働者数50人未満の事業場は、当分の間、努力義務となります。

　このようにストレスチェック制度では、企業単位ではなく、事業場単位で人数をカウントし、その数によって取扱いが義務または努力義務と異なります。

　また、この50人については、後述するストレスチェック制度の対象から除外できるアルバイト等も含めてカウントします。

　以下のケースに基づいて、事業場の考え方を確認してみましょう。

(1) A社

　全員が正社員で労働者数が50人の会社です。この会社は所在地が1か所だけで、他に事業場はありません。

　A社には50人以上の労働者がいますので、ストレスチェック制度の実施が義務づけられ、全員がストレスチェック制度の対象になります。

(2) B社

　全員が正社員で労働者数が200人の会社です。この会社は本社と4つの支店があります。本社およびこれらの支店は、それぞれが独立した事業場です。各40人の労働者で構成されています。

　この場合、それぞれが、事業場単位で50人未満となりますので、すべて努力義務となります。

(3) C社

　全員が正社員で労働者数が300人の会社です。この会社では、本社と5つの支店があります。それぞれが独立した事業場です。

　本社と1つの支店では100人、残りの4つの支店では25人が働いています。この場合は、義務と努力義務に分かれます。

　ただ、労働者数が少ない事業場のみ、ストレスチェック制度の対象から外すことは現実的ではなく、本社で体制が整備されており、統括管理しているのであれば、努力義務の事業場に対してもストレスチェック制度を実施することが望まれます。

◆ストレスチェック制度の対象事業場の判断例◆

		種　　類	人　　数	ストレスチェック制度の対象
A社		正社員	50人	義務
B社	本社	正社員	40人	努力義務
	a支店		40人	努力義務
	b支店		40人	努力義務
	c支店		40人	努力義務
	d支店		40人	努力義務
C社	本社	正社員	100人	義務
	a支店		100人	義務
	b支店		25人	努力義務
	c支店		25人	努力義務
	d支店		25人	努力義務
	e支店		25人	努力義務

> 企業単位ではなく、事業場単位で、ストレスチェック制度が義務または努力義務であるかを判断します。

本社一括での実施

　ストレスチェック制度は事業場ごとの適用となりますが、全社共通のルールを定め、それを各事業場に展開するというやり方もできます。

　ただし、法令の規定は事業場ごとの適用となりますので、全社共通のルールについても、各事業場の衛生委員会等において確認し、労働者に周知する必要があります。

　また、事業場ごとの特性から、全社で共通化できない内容（例：実施者、実施事務従事者、実施時期）がある場合は、それぞれの事業場ごとに衛生委員会等で調査審議のうえ、決めることになります。

　実施状況についての労働基準監督署への報告は、各事業場が、その事業場を管轄する労働基準監督署に対して行います。

ストレスチェック制度の対象となる労働者

(1) 原則的な考え方

　ストレスチェックの対象者となる「常時使用する労働者」とは、次ページ図のいずれの要件をも満たす者になります。

　この点は、一般定期健康診断の対象者と同様の取扱いになります。

　ただ、先ほど説明したとおり、「常時使用する労働者50人以上」をカウントする際は、ストレスチェック対象外の労働者も含めます。

　すなわち、「**常時使用する労働者が50人以上いるかどうか**」は、**常態として使用しているかどうかで判断する**ことになります。

　このため、週1回しか出勤しないアルバイトやパート労働者であっても、継続して雇用し、常態として使用している状態であれば、常時使用している労働者としてカウントに含めます。

　たとえば、事業場に正社員が1人、ストレスチェック制度の対象とならないアルバイトが50人いたとします。この場合は、事業場で50人以上ですので、ストレスチェック制度の対象になり、正社員1人に対してストレスチェック制度を実施することになります。

◆ストレスチェック制度の対象となる労働者◆

① 期間の定めのない労働契約により使用される者（期間の定めのある労働契約により使用される者であって、当該契約の契約期間が1年以上である者ならびに契約更新により1年以上使用されることが予定されている者および1年以上引き続き使用されている者を含む。）であること。

② その者の1週間の労働時間数が当該事業場において同種の業務に従事する通常の労働者の1週間の所定労働時間数の4分の3以上であること。
（なお、1週間の労働時間数が当該事業場において同種の業務に従事する通常の労働者の1週間の所定労働時間数の4分の3未満である労働者であっても、上記の①の要件を満たし、1週間の労働時間数が当該事業場において同種の業務に従事する通常の労働者の1週間の所定労働時間数のおおむね2分の1以上である者に対しても、ストレスチェックを実施することが望まれるとされています。）

以上の点をまとめると、下表のとおりになります。

◆ストレスチェック制度の対象となる労働者の判定◆

労働者の種類	契約期間	所定労働時間数	判定
正社員	期間の定めなし	フルタイム	対象
契約社員	1年以上（更新を含む）	3／4以上	対象
契約社員	1年未満（更新予定なし）	3／4以上	対象外
契約社員	1年以上（更新を含む）	3／4未満	対象外
契約社員	1年未満（更新予定なし）	3／4未満	対象外

(2) 休職中の労働者の取扱い

　ストレスチェックの実施時期に休職している社員については、実施しなくても差し支えないとされています。

(3) 長期出張者の取扱い

業務上の都合や、やむを得ない理由でストレスチェックを受けることができなかった者に対しては、別途受検の機会を設ける必要があります。

(4) 海外の長期勤務者の取扱い

海外の現地法人に雇用されている場合は、日本の法律が適用になりませんので、ストレスチェックの実施義務はありません。

しかし、日本の企業から現地に長期出張している社員の場合は、ストレスチェックを実施する必要があります。

(5) 在籍出向労働者の取扱い

ストレスチェックの実施は、労働契約関係のある事業者において行うこととなります。

在籍型出向の際に、出向先事業者と出向労働者の間に労働契約関係が存するか否かは、労働関係の実態、すなわち、指揮命令権、賃金の支払い等総合的に勘案して判断されます。

このため、「在籍出向労働者」のストレスチェックを出向元で行うか、出向先で行うかについては、その実態を総合的に勘案して判断されることになります。

なお、集団分析は、職場単位で実施することが重要ですので、在籍出向の実態にかかわらず、出向先事業者において、出向者も含めてストレスチェックを実施するとともに集団分析を実施することが望ましいとされています。

ストレスチェックの受検は労働者に義務づけられていない

労働者には、ストレスチェックの受検が義務づけられていません。

これは、メンタルヘルス不調で治療中のため受検の負担が大きい等の特別な理由がある労働者にまで受検を強要する必要はないとしたためです。

このように労働者にストレスチェックを受ける義務はありませんが、

メンタルヘルス不調で治療中のため受検の負担が大きいなどの特別な理由がない限り、すべての労働者がストレスチェックを受けることが望ましいとされています。

そこで、事業者は、医師等の実施者からストレスチェックを受けた労働者のリストを入手する等の方法により、労働者の受検の有無を把握し、ストレスチェックを受けていない労働者に対し、ストレスチェックの受検を勧奨できます。

また、ストレスチェックを受けた労働者のリストを実施者が事業者に提供する際に、労働者の同意取得は必要ありません。

なお、労働基準監督署への報告は、ストレスチェック制度の実施状況を把握するためのものですので、ストレスチェックの受検率が低いことをもって指導されることは、現在のところ予定されていません。

◆受検勧奨方法の例◆

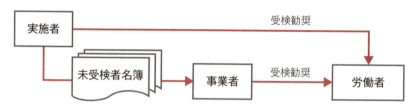

（厚生労働省 「労働安全衛生法に基づくストレスチェック制度 実施マニュアル」より作成）

1-3 ストレスチェック制度の費用負担の取扱い

ストレスチェック及び面接指導の費用は事業者負担です。要した時間の賃金は支払うことが望ましいとされています。

ストレスチェック制度に関する費用等の取扱い

　ストレスチェックおよび面接指導の費用については、法に基づき事業者にストレスチェックおよび面接指導の実施の義務が課されていることから、事業者に負担する義務があります。

　また、ストレスチェックや面接指導を受けるのに要した時間の賃金の支払いについては労使で協議して決めることになります。

　しかし、労働者の健康の確保は事業の円滑な運営の不可欠な条件になりますので、ストレスチェックや面接指導を受けるのに要した時間については賃金を支払うことが望ましいこととされています。

◆ストレスチェック制度における費用・賃金の取扱い◆

ストレスチェックおよび面接指導の費用	事業主に負担義務がある
ストレスチェックや面接指導を受けるのに要した時間の賃金	賃金を支払うことが望ましい

ポイント
ストレスチェックやその後の面接指導にかかる費用は会社負担

1-4 ストレスチェック制度の実施体制の整備

ストレスチェック制度に携わるメンバーを選定し、役割を明確にします。

事業者による方針の表明

　ストレスチェック制度の実施に先立って、労働者への通知ならびにストレスチェック制度の実施体制を確立することが重要な課題です。
　事業者は、ストレスチェックを円滑に実施する体制の整備ならびに個人情報保護等をも含めた対応について労働者へ十分な説明をします。
　その際、事業者がストレスチェック制度導入についての方針等について事業場内で表明します。表明方法としては、社内イントラネットや社内掲示板に掲載することが考えられます。
　事業者による方針の表明例は以下のとおりです。

◆事業者によるストレスチェック制度方針の表明例◆

> 　当社は、労働安全衛生法第66条の10で定める「心理的な負担の程度を把握するための検査等」(以下「ストレスチェック制度」という)の具体的推進方法を明確にするとともに適切に実施します。
> 　そして、ストレスチェック制度の実施を通じて、メンタルヘルス不調発生の未然防止を図り、社員の心の健康づくりに積極的に取り組みます。

ポイント
制度の導入は、社内イントラネットや社内掲示板に掲載して表明

第1章 ストレスチェック制度の基本的な考え方

衛生委員会等での調査審議

　事業者は、先ほどのストレスチェック制度に関する基本方針を表明したうえで、衛生委員会等において、ストレスチェック制度の実施方法および実施状況ならびにそれを踏まえた実施方法の改善等について調査審議を行わせます。この調査審議事項の主な内容は下表のとおりです。

◆衛生委員会等での調査審議事項◆

	調査審議事項	主な内容
1	ストレスチェック制度の目的に係る周知方法	・ストレスチェック制度は、労働者自身のストレスへの気付きおよびその対処の支援ならびに職場環境の改善を通じて、メンタルヘルス不調となることを未然に防止する一次予防を目的としており、メンタルヘルス不調者の発見を一義的な目的とはしないという趣旨を事業場内で周知する方法。
2	ストレスチェック制度の実施体制	・ストレスチェックの実施者およびその他の実施事務従事者の選任等ストレスチェック制度の実施体制。 実施者が複数いる場合は、共同実施者および実施代表者を明示すること。この場合において、当該事業場の産業医等が実施者に含まれるときは、当該産業医等を実施代表者とすることが望ましい。 なお、外部機関にストレスチェックの実施の全部を委託する場合は、当該委託契約の中で委託先の実施者、共同実施者および実施代表者ならびにその他の実施事務従事者を明示させること（結果の集計業務等の補助的な業務のみを外部機関に委託する場合にあっては、当該委託契約の中で委託先の実施事務従事者を明示させること）。
3	ストレスチェック制度の実施方法	・ストレスチェックに使用する調査票およびその媒体。

29

		・調査票に基づくストレスの程度の評価方法および面接指導の対象とする高ストレス者を選定する基準。 ・ストレスチェックの実施頻度、実施時期および対象者。 ・面接指導の申出の方法。 ・面接指導の実施場所等の実施方法。
4	ストレスチェック結果に基づく集団ごとの集計・分析の方法	・集団ごとの集計・分析の手法。 ・集団ごとの集計・分析の対象とする集団の規模。
5	ストレスチェックの受検の有無の情報の取扱い	・事業者による労働者のストレスチェックの受検の有無の把握方法。 ・ストレスチェックの受検の勧奨の方法。
6	ストレスチェック結果の記録の保存方法	・ストレスチェック結果の記録を保存する実施事務従事者の選任。 ・ストレスチェック結果の記録の保存場所および保存期間。 ・実施者およびその他の実施事務従事者以外の者によりストレスチェック結果が閲覧されないためのセキュリティの確保等の情報管理の方法。
7	ストレスチェック、面接指導および集団ごとの集計・分析の結果の利用目的および利用方法	・ストレスチェック結果の本人への通知方法。 ・ストレスチェックの実施者による面接指導の申出の勧奨方法。 ・ストレスチェック結果、集団ごとの集計・分析結果および面接指導結果の共有方法および共有範囲。 ・ストレスチェック結果を事業者へ提供するにあたっての本人の同意の取得方法。 ・本人の同意を取得したうえで実施者から事業者に提供するストレスチェック結果に関する情報の範囲。 ・集団ごとの集計・分析結果の活用方法。
8	ストレスチェック、面接指導および集団ごとの集計・分析に関する情報の	・情報の開示等の手続き。 ・情報の開示等の業務に従事する者による秘密の保持の方法。

	開示、訂正、追加および削除の方法	
9	ストレスチェック、面接指導および集団ごとの集計・分析に関する情報の取扱いに関する苦情の処理方法	・苦情の処理窓口を外部機関に設ける場合の取扱い。 なお、苦情の処理窓口を外部機関に設ける場合は、当該外部機関において労働者からの苦情または相談に対し適切に対応することができるよう、当該窓口のスタッフが、企業内の産業保健スタッフと連携を図ることができる体制を整備しておくことが望ましい。
10	労働者がストレスチェックを受けないことを選択できること	・労働者にストレスチェックを受検する義務はないが、ストレスチェック制度を効果的なものとするためにも、すべての労働者がストレスチェックを受検することが望ましいという制度の趣旨を事業場内で周知する方法。
11	労働者に対する不利益な取扱いの防止	・ストレスチェック制度に係る労働者に対する不利益な取扱いとして禁止される行為を事業場内で周知する方法。

社内規程の整備

　事業者は、ストレスチェックの実施前に、衛生委員会等の調査審議の結果を踏まえ、法令に則ったうえで、当該事業場におけるストレスチェック制度の実施に関する規程を定め、あらかじめ労働者に対して周知するものとされています。

　この点は「心理的な負担の程度を把握するための検査及び面接指導の実施並びに面接指導結果に基づき事業者が講ずべき措置に関する指針」（以下「指針」といいます）に記載されています。

　このストレスチェック制度に関する内部規程については、特に形式は問われず、何らかの形で、文書化すれば良いとされています。

　また、就業規則に該当するものではなく、労働基準監督署への届出も不要です。ストレスチェック制度実施規程例は、32～40ページのとおりです。

なお、この規程例は、厚生労働省が公表した一例ですので、適宜修正加筆して、事業場の実態に合わせる必要があります。

◆ストレスチェック制度実施規程例◆

ストレスチェック制度実施規程（例）

第1章　総則

（規程の目的・変更手続き・周知）
第1条　この規程は、労働安全衛生法第66条の10の規定に基づくストレスチェック制度を株式会社〇〇〇〇において実施するに当たり、その実施方法等を定めるものである。
　2　ストレスチェック制度の実施方法等については、この規程に定めるほか、労働安全衛生法その他の法令の定めによる。
　3　会社がこの規程を変更する場合は、衛生委員会において調査審議を行い、その結果に基づいて変更を行う。
　4　会社は規程の写しを社員に配布又は社内掲示板に掲載することにより、適用対象となるすべての社員に規程を周知する。

（適用範囲）
第2条　この規程は、次に掲げる株式会社〇〇〇〇の全社員及び派遣社員に適用する。
　一　期間の定めのない労働契約により雇用されている正社員
　二　期間を定めて雇用されている契約社員
　三　パート・アルバイト社員
　四　人材派遣会社から株式会社〇〇〇〇に派遣されている派遣社員

> 一定の契約期間が短く所定労働時間が短い社員を適用除外にできます。また、派遣社員は基本的に派遣元の対応となります。23、113ページを参照

（制度の趣旨等の周知）
第3条　会社は、社内掲示板に次の内容を掲示するほか、本規程を社員に配布又は社内掲示板に掲載することにより、ストレスチェック制度の趣旨等を社員に周知する。
　一　ストレスチェック制度は、社員自身のストレスへの気付き及びその対処の支援並びに職場環境の改善を通じて、メンタルヘルス不調となることを未然に防止する一次予防を目的としており、メンタルヘルス不調者の発見を一義的な目的とはしないものであること。

二 社員がストレスチェックを受ける義務まではないが、専門医療機関に通院中などの特別な事情がない限り、すべての社員が受けることが望ましいこと。

三 ストレスチェック制度では、ストレスチェックの結果は直接本人に通知され、本人の同意なく会社が結果を入手するようなことはないこと。したがって、ストレスチェックを受けるときは、正直に回答することが重要であること。

四 本人が面接指導を申し出た場合や、ストレスチェックの結果の会社への提供に同意した場合に、会社が入手した結果は、本人の健康管理の目的のために使用し、それ以外の目的に利用することはないこと。

> ストレスチェックを受ける義務はないが、受検することが望ましいことについて記載しています。25ページを参照

第2章　ストレスチェック制度の実施体制

（ストレスチェック制度担当者） — 衛生管理者、メンタルヘルス推進担当者が適任です。

第4条　ストレスチェック制度の実施計画の策定及び計画に基づく実施の管理等の実務を担当するストレスチェック制度担当者は、○○課職員とする。

2　ストレスチェック制度担当者の氏名は、別途、社内掲示板に掲載する等の方法により、社員に周知する。また、人事異動等により担当者の変更があった場合には、その都度、同様の方法により社員に周知する。第5条のストレスチェックの実施者、第6条のストレスチェックの実施事務従事者、第7条の面接指導の実施者についても、同様の扱いとする。

（ストレスチェックの実施者）

第5条　ストレスチェックの実施者は、会社の産業医及び保健師の2名とし、産業医を実施代表者、保健師を共同実施者とする。

> ストレスチェックの実施者になれる人は限られています。41ページを参照

（ストレスチェックの実施事務従事者）

第6条　実施者の指示のもと、ストレスチェックの実施事務従事者として、衛生管理者及び○○課職員に、ストレスチェックの実施日程の調整・連絡、調査票の配布、回収、データ入力等の各種事務処理を担当させる。

2　衛生管理者又は○○課の職員であっても、社員の人事に関して権限を有する者（課長、調査役、○○）は、これらのストレスチェックに関する個人情報を取り扱う業務に従事しない。

（面接指導の実施者）

第7条　ストレスチェックの結果に基づく面接指導は、会社の産業医が実施する。

第3章　ストレスチェック制度の実施方法

第1節　ストレスチェック

(実施時期)

第8条　ストレスチェックは、毎年○月から○月の間のいずれかの1週間の期間を部署ごとに設定し、実施する。

> ストレスチェックを実施するうえで適切な時期かどうか、衛生委員会等で調査審議し決定します。

(対象者)

第9条　ストレスチェックは、派遣社員も含むすべての社員を対象に実施する。ただし、派遣社員のストレスチェック結果は、集団ごとの集計・分析の目的のみに使用する。

2　ストレスチェック実施期間中に、出張等の業務上の都合によりストレスチェックを受けることができなかった社員に対しては、別途期間を設定して、ストレスチェックを実施する。

3　ストレスチェック実施期間に休職していた社員のうち、休職期間が1月以上の社員については、ストレスチェックの対象外とする。

(受検の方法等)

第10条　社員は、専門医療機関に通院中などの特別な事情がない限り、会社が設定した期間中にストレスチェックを受けるよう努めなければならない。

2　ストレスチェックは、社員の健康管理を適切に行い、メンタルヘルス不調を予防する目的で行うものであることから、ストレスチェックにおいて社員は自身のストレスの状況をありのままに回答すること。

3　会社は、なるべく全ての社員がストレスチェックを受けるよう、実施期間の開始日後に社員の受検の状況を把握し、受けていない社員に対して、実施事務従事者又は各職場の管理者(部門長など)を通じて受検の勧奨を行う。

> 未受検者の状況を把握し、受検の勧奨を行うことは認められています。26ページを参照

(調査票及び方法)

第11条　ストレスチェックは、別紙1の調査票(職業性ストレス簡易調査票)を用いて行う。

> 記載例は52〜55ページ

2　ストレスチェックは、社内LANを用いて、オンラインで行う。ただし、社内LANが利用できない場合は、紙媒体で行う。

(ストレスの程度の評価方法・高ストレス者の選定方法)

第12条　ストレスチェックの個人結果の評価は、「労働安全衛生法に基づくストレスチェック制度実施マニュアル」(平成27年5月　厚生労働省労働基準局安

全衛生部労働衛生課産業保健支援室）（以下「マニュアル」という。）に示されている素点換算表を用いて換算し、その結果をレーダーチャートに示すことにより行う。

〔記載例は64ページ〕

2　高ストレス者の選定は、マニュアルに示されている「評価基準の例（その1）」に準拠し、以下のいずれかを満たす者を高ストレス者とする。
① 「心身のストレス反応」（29項目）の合計点数が77点以上である者
② 「仕事のストレス要因」（17項目）及び「周囲のサポート」（9項目）を合算した合計点数が76点以上であって、かつ「心身のストレス反応」（29項目）の合計点数が63点以上の者

（ストレスチェック結果の通知方法）
第13条　ストレスチェックの個人結果の通知は、実施者の指示により、実施事務従事者が、実施者名で、各社員に電子メールで行う。ただし、電子メールが利用できない場合は、封筒に封入し、紙媒体で配布する。

（セルフケア）
第14条　社員は、ストレスチェックの結果及び結果に記載された実施者による助言・指導に基づいて、適切にストレスを軽減するためのセルフケアを行うように努めなければならない。

（会社への結果提供に関する同意の取得方法）

〔同意によりストレスチェック結果を取得する場合の対応です。96ページを参照〕

第15条　ストレスチェックの結果を電子メール又は封筒により各社員に通知する際に、結果を会社に提供することについて同意するかどうかの意思確認を行う。会社への結果提供に同意する場合は、社員は結果通知の電子メールに添付又は封筒に同封された別紙2の同意書に入力又は記入し、発信者あてに送付しなければならない。

〔記載例は99ページ〕

2　同意書により、会社への結果通知に同意した社員については、実施者の指示により、実施事務従事者が、会社の人事労務部門に、社員に通知された結果の写しを提供する。

（ストレスチェックを受けるのに要する時間の賃金の取扱い）
第16条　ストレスチェックを受けるのに要する時間は、業務時間として取り扱う。
2　社員は、業務時間中にストレスチェックを受けるものとし、管理者は、社員が業務時間中にストレスチェックを受けることができるよう配慮しなければならない。

〔ストレスチェックの費用については、会社負担です。また、ストレスチェックを受けるのに要した時間についての賃金は支払うことが望ましいとされています。27ページを参照〕

第2節　医師による面接指導

(面接指導の申出の方法)

第17条　ストレスチェックの結果、医師の面接指導を受ける必要があると判定された社員が、医師の面接指導を希望する場合は、結果通知の電子メールに添付又は封筒に同封された別紙3の面接指導申出書に入力又は記入し、結果通知の電子メール又は封筒を受け取ってから30日以内に、発信者あてに送付しなければならない。 〔書式例は75ページ〕

2　医師の面接指導を受ける必要があると判定された社員から、結果通知後○日以内に面接指導申出書の提出がなされない場合は、実施者の指示により、実施事務従事者が、実施者名で、該当する社員に電子メール又は電話により、申出の勧奨を行う。また、結果通知から30日を経過する前日（当該日が休業日である場合は、それ以前の最後の営業日）に、実施者の指示により、実施事務従事者が、実施者名で、該当する社員に電子メール又は電話により、申出に関する最終的な意思確認を行う。なお、実施事務従事者は、電話で該当する社員に申出の勧奨又は最終的な意思確認を行う場合は、第三者にその社員が面接指導の対象者であることが知られることがないよう配慮しなければならない。 〔面接指導勧奨文例は73、74ページを参照〕

(面接指導の実施方法)

第18条　面接指導の実施日時及び場所は、面接指導を実施する産業医の指示により、実施事務従事者が、該当する社員及び管理者に電子メール又は電話により通知する。面接指導の実施日時は、面接指導申出書が提出されてから、30日以内に設定する。なお、実施事務従事者は、電話で該当する社員に実施日時及び場所を通知する場合は、第三者にその社員が面接指導の対象者であることが知られることがないよう配慮しなければならない。

2　通知を受けた社員は、指定された日時に面接指導を受けるものとし、管理者は、社員が指定された日時に面接指導を受けることができるよう配慮しなければならない。

3　面接指導を行う場所は、＿＿＿＿＿＿＿とする。 〔面接指導の詳細については76ページを参照〕

(面接指導結果に基づく医師の意見聴取方法)

第19条　会社は、産業医に対して、面接指導が終了してから遅くとも30日以内に、別紙4の面接指導結果報告書兼意見書により、結果の報告及び意見の提出を求める。 〔書式例は85ページ〕

(面接指導結果を踏まえた措置の実施方法)
第20条　面接指導の結果、就業上の措置が必要との意見書が産業医から提出され、人事異動を含めた就業上の措置を実施する場合は、人事労務部門の担当者が、産業医同席のうえで、該当する社員に対して、就業上の措置の内容及びその理由等について説明を行う。
　2　社員は、正当な理由がない限り、会社が指示する就業上の措置に従わなければならない。

(面接指導を受けるのに要する時間の賃金の取扱い)
第21条　面接指導を受けるのに要する時間は、業務時間として取り扱う。

> 面接指導を受けるのに要した時間についての賃金は支払うことが望ましいとされています。27ページを参照

第3節　集団ごとの集計・分析

(集計・分析の対象集団)
第22条　ストレスチェック結果の集団ごとの集計・分析は、原則として、課ごとの単位で行う。ただし、10人未満の課については、同じ部門に属する他の課と合算して集計・分析を行う。

> 集団ごとの集計・分析は努力義務です。

(集計・分析の方法)
第23条　集団ごとの集計・分析は、マニュアルに示されている<u>仕事のストレス判定図</u>を用いて行う。

> 仕事のストレス判定図は92ページ

(集計・分析結果の利用方法)
第24条　実施者の指示により、実施事務従事者が、会社の人事労務部門に、課ごとに集計・分析したストレスチェック結果（個人のストレスチェック結果が特定されないもの）を提供する。
　2　会社は、課ごとに集計・分析された結果に基づき、必要に応じて、職場環境の改善のための措置を実施するとともに、必要に応じて集計・分析された結果に基づいて管理者に対して研修を行う。社員は、会社が行う職場環境の改善のための措置の実施に協力しなければならない。

> 長時間労働の状況と仕事のストレス判定図の健康リスクとを連動して分析しても良いでしょう。139ページを参照

第4章　記録の保存

(ストレスチェック結果の記録の保存担当者)
第25条　ストレスチェック結果の記録の保存担当者は、第6条で実施事務従事者として規定されている衛生管理者とする。

（ストレスチェック結果の記録の保存期間・保存場所）
第26条　ストレスチェック結果の記録は、会社のサーバー内に５年間保存する。

（ストレスチェック結果の記録の保存に関するセキュリティの確保）
第27条　保存担当者は、会社のサーバー内に保管されているストレスチェック結果が第三者に閲覧されることがないよう、責任をもって閲覧できるためのパスワードの管理をしなければならない。

（事業者に提供されたストレスチェック結果・面接指導結果の保存方法）
第28条　会社の人事労務部門は、社員の同意を得て会社に提供されたストレスチェック結果の写し、実施者から提供された集団ごとの集計・分析結果、面接指導を実施した医師から提供された面接指導結果報告書兼意見書（面接指導結果の記録）を、社内で５年間保存する。
　　２　人事労務部門は、第三者に社内に保管されているこれらの資料が閲覧されることがないよう、責任をもって鍵の管理をしなければならない。

第５章　ストレスチェック制度に関する情報管理

（ストレスチェック結果の共有範囲）
第29条　社員の同意を得て会社に提供されたストレスチェックの結果の写しは、人事労務部門内のみで保有し、他の部署の社員には提供しない。

（面接指導結果の共有範囲）
第30条　面接指導を実施した医師から提供された面接指導結果報告書兼意見書（面接指導結果の記録）は、人事労務部門内のみで保有し、そのうち就業上の措置の内容など、職務遂行上必要な情報に限定して、該当する社員の管理者及び上司に提供する。

（書式例は85ページ）

（集団ごとの集計・分析結果の共有範囲）
第31条　実施者から提供された集計・分析結果は、人事労務部門で保有するとともに、課ごとの集計・分析結果については、当該課の管理者に提供する。
　　２　課ごとの集計・分析結果とその結果に基づいて実施した措置の内容は、衛生委員会に報告する。

（健康情報の取扱いの範囲）
第32条　ストレスチェック制度に関して取り扱われる社員の健康情報のうち、診断名、検査値、具体的な愁訴の内容等の生データや詳細な医学的情報は、産業医又は保健師が取り扱わなければならず、人事労務部門に関連情報を提供す

る際には、適切に加工しなければならない。

> 面接指導を実施した医師は、労働者の健康を確保するための就業上の措置を実施するため、必要最小限度の情報に限定して提供します。

第6章　情報開示、訂正、追加及び削除と苦情処理

(情報開示等の手続き)
第33条　社員は、ストレスチェック制度に関して情報の開示等を求める際には、所定の様式を、電子メールにより○○課に提出しなければならない。

> 情報開示の具体例としては、通知されたストレスチェック結果を紛失したときに再通知を求める場合などがあります。

(苦情申立ての手続き)
第34条　社員は、ストレスチェック制度に関する情報の開示等について苦情の申立てを行う際には、所定の様式を、電子メールにより○○課に提出しなければならない。

(守秘義務)
第35条　社員からの情報開示等や苦情申立てに対応する○○課の職員は、それらの職務を通じて知り得た社員の秘密(ストレスチェックの結果その他の社員の健康情報)を、他人に漏らしてはならない。

> 実施事務従事者の守秘義務の詳細については97ページを参照

第7章　不利益な取扱いの防止

(会社が行わない行為)
第36条　会社は、社内掲示板に次の内容を掲示するほか、本規程を社員に配布することにより、ストレスチェック制度に関して、会社が次の行為を行わないことを社員に周知する。

> 不利益な取扱いの禁止の詳細については100ページを参照

一　ストレスチェック結果に基づき、医師による面接指導の申出を行った社員に対して、申出を行ったことを理由として、その社員に不利益となる取扱いを行うこと。

二　社員の同意を得て会社に提供されたストレスチェック結果に基づき、ストレスチェック結果を理由として、その社員に不利益となる取扱いを行うこと。

三　ストレスチェックを受けない社員に対して、受けないことを理由として、その社員に不利益となる取扱いを行うこと。

四　ストレスチェック結果を会社に提供することに同意しない社員に対して、同意しないことを理由として、その社員に不利益となる取扱いを行うこと。

五　医師による面接指導が必要とされたにもかかわらず、面接指導の申出を行わない社員に対して、申出を行わないことを理由として、その社員に不

利益となる取扱いを行うこと。
　六　就業上の措置を行うに当たって、医師による面接指導を実施する、面接指導を実施した産業医から意見を聴取するなど、労働安全衛生法及び労働安全衛生規則に定められた手順を踏まずに、その社員に不利益となる取扱いを行うこと。
　七　面接指導の結果に基づいて、就業上の措置を行うに当たって、面接指導を実施した産業医の意見とはその内容・程度が著しく異なる等医師の意見を勘案し必要と認められる範囲内となっていないものや、労働者の実情が考慮されていないものなど、労働安全衛生法その他の法令に定められた要件を満たさない内容で、その社員に不利益となる取扱いを行うこと。
　八　面接指導の結果に基づいて、就業上の措置として、次に掲げる措置を行うこと。
　　① 解雇すること。
　　② 期間を定めて雇用される社員について契約の更新をしないこと。
　　③ 退職勧奨を行うこと。
　　④ 不当な動機・目的をもってなされたと判断されるような配置転換又は職位（役職）の変更を命じること。
　　⑤ その他の労働契約法等の労働関係法令に違反する措置を講じること。

附則
（施行期日）
第1条　この規程は、平成○年○月○日から施行する。

※吹き出し部分のコメントは著者によります。
（厚生労働省サイト「こころの耳」一部修正加筆）

> **ポイント**
>
> 32〜40ページに示した規程例に沿って、事業場の実態に合ったものを作成する必要がある

ストレスチェック制度の実施者等の指名

(1) 実施者になれる人は限られている

実施者は、ストレスチェックに関する次の事項を直接行います。

◆実施者の役割◆

1	事業者がストレスチェックの調査票を決めるにあたって、事業者に対して専門的な見地から意見を述べること
2	事業者が高ストレス者を選定する基準や評価方法を決めるにあたって、事業者に対して専門的な見地から意見を述べること
3	個人のストレスの程度の評価結果に基づき、医師による面接指導を受けさせる必要があるかどうか判断すること

また、高ストレスのため面接指導が必要とされた労働者にもかかわらず、医師による面接指導の申出を行わない者に対して、相談、専門機関の紹介等の支援を必要に応じて行うことが望ましいとしています。

ストレスチェックができる実施者は、以下のとおりです。なお、ストレスチェック後の面接指導ができる者は医師に限定されています。

◆ストレスチェックができる実施者◆

1	医師
2	保健師
3	検査を行うために必要な知識についての研修であって厚生労働大臣が定めるものを修了した看護師または精神保健福祉士

※施行日の前日(平成27年11月30日)において、3年以上労働者の健康管理等の業務に従事した経験を有する看護師または精神保健福祉士は、厚生労働大臣が定める研修を受けなくても実施者となれます。

実施者には産業医を選任することが最も望ましいとしていますが、産業医でなくても事業場の産業保健活動に携わり、事業場の状況を把握している産業保健スタッフ(事業場の産業保健活動に携わっている精神科医、心療内科医等の医師、保健師、看護師等、日頃から事業場

の状況を把握している者）も実施者として推奨されています。

　ストレスチェックの実施を外部機関に業務委託する場合がありますが、産業医等が共同実施者として関与することが望まれます。

　なぜならば、産業医が共同実施者でない場合、個人のストレスチェックの結果は労働者の個別の同意がなければ産業医が把握できず、十分な対応を行うことが難しくなる可能性があるからです。

　産業医が共同実施者として関与していることとするためには、少なくとも、事業者が調査票や高ストレス者選定基準を決めるにあたって意見を述べること、ストレスチェックの結果に基づく個々人の面接指導の要否を確認することが必要とされています。

　なお、労働者が事業者の指定した実施者でない「かかりつけ医」等で受検したいということもあると思われますが、健康診断と異なり、ストレスチェックは、事業者が指定した実施者以外で受けるという手続きは規定されていません。このため、事業者が指定した実施者以外で受けた場合、ストレスチェックを受けたことにはなりません。

(2) 実務担当者（ストレスチェック制度担当者）を指名する

　実施計画の策定、事業場の産業医等の実施者または委託先の外部機関との連絡調整、実施計画に基づく実施の管理等の実務を担当します。

　実務担当者には、衛生管理者またはメンタルヘルス推進担当者を指名することが望ましいとされています。

　実務担当者はストレスチェック結果等の個人情報を取り扱わないので、労働者の解雇等に関して直接の権限を持つ監督的地位にある者を指名することもできます。

(3) 実施事務従事者を指名する

　実施者の補助を行います。ストレスチェックを受ける労働者に対して直接的な人事権を有する者は、実施事務従事者になることはできません。しかし、事業場の人員体制等の状況によっては、人事担当の部署の従業員（人事権のない者に限ります）が実施事務従事者になることができます。

実施事務従事者は、実施者の指示により、必要に応じて下表に掲げる事項を行います。

◆ 実施事務従事者が行う事項 ◆

1	個人のストレスチェック結果について記録を作成すること
2	個人のストレスチェック結果を当該労働者に通知すること
3	個人のストレスチェック結果を集団的に分析し、その結果を事業者に提供すること
4	高ストレスであって面接指導が必要と評価された労働者に対して、医師による面接指導の申出を行うように勧奨すること

◆ ストレスチェック制度における実施体制 ◆

事業者	・ストレスチェック制度の実施責任 ・方針の決定
ストレスチェック制度担当者 （衛生管理者、事業場内 メンタルヘルス 推進担当者など）	・ストレスチェック制度の実施計画の策定 ・実施の管理　等
実施者（産業医など） ↓指示 実施事務従事者 （産業保健スタッフ、 事務職員など）	・ストレスチェックの実施 （企画及び結果の評価） ・面接指導の実施 ・実施者の補助（調査票の回収、データ入力等）

ストレスチェックの「実施の事務」
※個人情報を扱うため守秘義務あり

（厚生労働省「労働安全衛生法に基づくストレスチェック制度　実施マニュアル」より作成）

（4）人事権の有無による取扱いの違い

　ストレスチェックの結果につきましては、労働者の意に反して人事

上の不利益な取扱いに利用されないようにしなければなりません。

このため、労働者の解雇、昇進または異動（以下「人事」といいます）に関して直接の権限を持つ監督的地位にある者につきましては、ストレスチェックの実施の事務（ストレスチェックの実施を含みます）に従事してはならないとされています。

この「解雇、昇進または異動に関して直接の権限を持つ」とは、当該労働者の人事を決定する権限を持つことまたは人事について一定の判断を行う権限を持つことをいいます。

したがって、人事を担当する部署に所属する者であっても、こうした権限を持たない場合につきましては、ストレスチェックの実施の事務に従事してはならない者には該当しません。

人事に関する直接の権限（人事権）の有無により、ストレスチェックの「実施の事務」に従事可能か否かを整理すると以下のとおりになります。

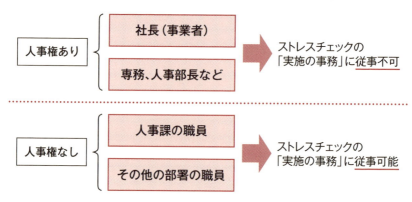

◆人事権の有無に基づく「実施の事務」の従事可否◆

（厚生労働省 「労働安全衛生法に基づくストレスチェック制度 実施マニュアル」より作成）

人事権のある者が従事できない事務（ストレスチェックの実施の事務）と、できる事務（その他の事務）があり、ストレスチェックの実施の事務とは、労働者の健康情報を取り扱う事務をいい、たとえば、次ページ上表の事務が含まれます。

第1章 ストレスチェック制度の基本的な考え方

◆ストレスチェックの実施の事務(人事権がある者は対応不可)◆

1	労働者が記入した調査票の回収※、内容の確認、データ入力、評価点数の算出等のストレスチェック結果を出力するまでの労働者の健康情報を取り扱う事務
2	ストレスチェック結果の封入等のストレスチェック結果を出力した後の労働者に結果を通知するまでの労働者の健康情報を取り扱う事務
3	ストレスチェック結果の労働者への通知※の事務
4	面接指導を受ける必要があると実施者が認めた者に対する面接指導の申出勧奨
5	ストレスチェック結果の集団ごとの集計に係る労働者の健康情報を取り扱う事務

※封筒に封入されている等、内容を把握できない状態になっているものを回収または通知する事務を除く。

また、労働者の健康情報を取り扱わない事務(その他の事務)は、人事権がある者でも対応でき、たとえば、以下の事務が含まれます。

◆その他の事務(人事権がある者でも対応可)◆

1	事業場におけるストレスチェックの実施計画の策定
2	ストレスチェックの実施日時や実施場所等に関する実施者との連絡調整
3	ストレスチェックの実施を外部機関に委託する場合の外部機関との契約等に関する連絡調整
4	ストレスチェックの実施計画や実施日時等に関する労働者への通知
5	調査票の配布
6	ストレスチェックを受けていない労働者に対する受検の勧奨

導入初年度のストレスチェック業務フローの例

① ストレスチェックの実施時期

最初のストレスチェックは、平成27年12月1日から1年以内（平成28年11月30日まで）に実施する必要があります（結果通知や面接指導の実施までは含みません）。

② 実施前の対応

まず、事業者による方針の表明を行います。その後、基本的には衛生委員会等での調査審議の流れとなりますが、円滑な調査審議が行われるための準備期間を含めるかたちで、フロー例では表明と同時期のスタートとしました。外部機関の選定や規程の作成に一定の時間がかかると想定されるので、衛生委員会等での調査審議を2か月半と長めにしていますが、状況によっては、もう少し長くしても良いでしょう。

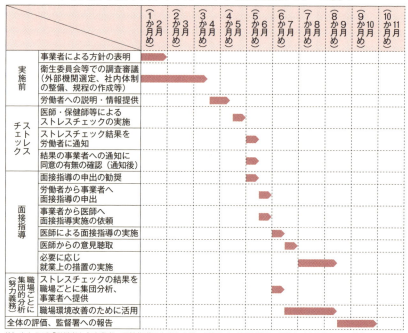

◆導入初年度のストレスチェック制度業務フローの例◆

注）たとえば「労働者から事業者へ面接指導の申出の後、医師による面接指導の実施」はおおむね1月以内で良いのですが、余裕をもって期間を半月としています。
社員数が多い等の事情により、半月以内では対応が難しい面もあると思いますので、その場合は、会社に事情に応じて長めに変更してください。他のフローも同様に会社の実情に応じて調整ください。

第2章

ストレスチェックの実施と結果の通知

ストレスチェックの実施方法

実施者は、調査票を用いた検査結果からストレスの点数化を行い、面接指導の要否を確認します。

ストレスチェックの検査項目

　第1章で説明したとおり、事業者は、1年以内ごとに1回、定期に常時使用する労働者に対して心理的な負担の程度を把握するためのストレスチェックを実施する必要があります。

　実施するのは、医師または保健師等ですが、その補助のため人事担当者等を実施事務従事者として選任することができ、調査票を用いて以下の3つの領域に関する項目により検査を行い、労働者のストレスの程度を点数化して評価します。その評価結果を踏まえて高ストレス者を選定し、医師による面接指導の要否を確認することになります。

◆ストレスチェックにおける3つの検査項目◆

1	職場における当該労働者の心理的な負担の原因に関する項目
2	当該労働者の心理的な負担による心身の自覚症状に関する項目
3	職場における他の労働者による当該労働者への支援に関する項目

ストレスチェックの社員への案内

　ストレスチェックの案内文例は次ページに示すとおりです。文例に記載しているように、ストレスチェックを受ける義務は社員にはありませんが、受検を勧奨するように案内すると良いでしょう。

◆ストレスチェックの社員への案内文例◆

平成〇年〇月〇日

社員各位

人事部安全衛生課
ストレスチェック制度担当者　〇〇〇〇

ストレスチェック実施の件

　平素より会社の健康・衛生管理施策にご協力いただき、誠にありがとうございます。
　今般、セルフケア（一人ひとりが行う自身の健康管理）のさらなる充実化及び働きやすい職場環境の形成を目的に、労働安全衛生法に基づき、産業医〇〇を実施者としたストレスチェックを下記のとおり実施します。
　ストレスチェックは法的に受検が義務づけられたものではありませんが、上記目的を鑑みて、期間内に受けるようお願い致します。

記

1. 実施期間：20＊＊年＊＊月＊＊日（月）～20＊＊年＊＊月＊＊日（金）
　　＊＊月＊＊日（金）17:00までに回答をお願いします。
2. 対象者：20＊＊年＊月1日時点で就業している社員
　　本メールが届いた方は対象ですので、受検をお願いします。
3. 質問数：＊＊問　所要時間：約＊＊分～＊＊分／回
　　就業時間の取扱いとなります。
4. 実施方法：原則としてWebにて実施
　　利用者ガイド若しくはURL＊＊＊＊＊＊＊＊＊＊を参照下さい。
　　利用者ガイド→こちら
　　実施結果は自身で閲覧・印刷することが可能ですので、自己管理ツールとしてご活用下さい。
5. 結果の取扱いについて
　回答してもらった個人のストレスチェック結果は、個人の健康管理を目的として、産業医・保健師のみが確認し、必要に応じて面接推奨のご連絡を個別に差し上げます。
　個人の結果が外部（上司・人事部門等）に漏れることは、一切ありません。
　また、職場全体のストレス傾向の把握を目的に、個人が特定できないようストレスチェック結果を加工し、分析および報告書作成に使用します。
　ご不明な点がありましたら〇〇（内線＊＊＊＊）まで、ご遠慮なくご連絡下さい。

以　上

（厚生労働省　「労働安全衛生法に基づくストレスチェック制度　実施マニュアル」を参考に一部修正加筆）

健康診断と同時に実施する場合

　ストレスチェックを一般定期健康診断（自覚症状および他覚症状の有無の検査）と同時に実施することもできます。ただし、ストレスチェックと一般定期健康診断においては、労働者による受診・受検義務の有無および結果の取扱いが異なる点に留意する必要があります。

　すなわち、ストレスチェックでは労働者に検査を受ける義務がなく、ストレスチェック検査結果は、本人の同意なければ事業者に通知できないことが大きな違いです。

　このため、たとえば、以下の対応をすることになります。

◆健康診断と同時に実施する場合の留意事項◆

ストレスチェックの調査票と一般定期健康診断の問診票を別葉にする。
記入後、ストレスチェックに係る部分と一般定期健康診断に係る部分を切り離す。
ＩＣＴ（インターネットまたは企業内のネットワーク〈イントラネット〉等）を用いる場合は、一連の設問であっても、ストレスチェックに係る部分と一般定期健康診断に係る部分の区別を明らかにする。

調査票はどのようなものか

(1) 調査票の項目

　事業者がストレスチェックに用いる調査票としては、指針では、「職業性ストレス簡易調査票」を用いることを推奨しています。

　この職業性ストレス簡易調査票は、52～54ページに記載のとおりです。また簡略化した調査票（23項目）もあります（55ページを参照）。

　あくまでも推奨ですので、衛生委員会等で審議したうえで、調査票の項目を独自に選定することができます。

　ただし、独自に選定する場合においては、職業性ストレス簡易調査票を参考としつつ、48ページにある3つの検査項目をすべて含むこと

が前提となり、一定の科学的根拠に基づいたうえで、実施者の意見の聴取、衛生委員会等での調査審議を行う必要があります。

しかし、独自に項目を選定する場合でも、以下の内容については検査項目にすることはできません。

◆調査票に含めることが禁止されている項目◆

「性格検査」「適性検査」	ストレスチェックの目的とは異なるため、労働安全衛生法に基づくストレスチェックと銘打って、「性格検査」や「適性検査」を実施することはできません。
「希死念慮」「自傷行為」	背景事情なども含めて評価する必要性がより高く、かつこうした項目から自殺のリスクを把握した際には早急な対応が必要となることから、企業における対応の体制が不十分な場合には検査項目として含めるべきではありません。
「うつ病検査」	ストレスチェックの目的はうつ病等の精神疾患のスクリーニングではないことに留意しなければなりません。

(2) 調査票の記入または入力

ストレスチェック調査票を対象労働者に記入してもらいます。調査票の用紙を配布し記入してもらう方法と、社内のイントラネットなどICTを利用して回答を入力してもらう方法があります。

記入または入力された内容が他の人の目に触れないようにするため、以下の点に留意する必要があります。

◆調査票の記入または入力上の留意点◆

〈紙を配布して記入してもらう場合の留意点〉
調査票の用紙の配布は誰が行っても問題ありません。しかし、回収の際は、記入の終わった調査票が周囲の者の目に触れないようにします。たとえば封筒に入れてもらうといった配慮をします。

〈ICTを利用して実施する場合の留意点〉
　事業者および実施者において、個人情報の保護や改ざんの防止（セキュリティの確保）のためのしくみが整っており、それに基づいて実施者またはその他の実施事務従事者による個人の検査結果の保存が適切になされている必要があります。
　本人以外に個人のストレスチェック結果を閲覧することのできる者の制限がなされている必要（実施者以外は閲覧できないようにされている）があります。
　実施者の役割（調査票の選定、評価基準の設定、個人の結果の評価等）が果たされることが必要です。

　なお、調査票への記入または入力に加えて、補足的に面談も行い、より具体的に個々の労働者のストレスの状況を把握する方法も認められています。

◆**職業性ストレス簡易調査票**◆

A　あなたの仕事についてうかがいます。最もあてはまるものに○を付けてください。

	そうだ	まあそうだ	ややちがう	ちがう
1．非常にたくさんの仕事をしなければならない	1	2	3	4
2．時間内に仕事が処理しきれない	1	2	3	4
3．一生懸命働かなければならない	1	2	3	4
4．かなり注意を集中する必要がある	1	2	3	4
5．高度の知識や技術が必要なむずかしい仕事だ	1	2	3	4
6．勤務時間中はいつも仕事のことを考えていなければならない	1	2	3	4
7．からだを大変よく使う仕事だ	1	2	3	4
8．自分のペースで仕事ができる	1	2	3	4
9．自分で仕事の順番・やり方を決めることができる	1	2	3	4
10．職場の仕事の方針に自分の意見を反映できる	1	2	3	4
11．自分の技能や知識を仕事で使うことが少ない	1	2	3	4
12．私の部署内で意見のくい違いがある	1	2	3	4
13．私の部署と他の部署とはうまが合わない	1	2	3	4
14．私の職場の雰囲気は友好的である	1	2	3	4

15. 私の職場の作業環境(騒音、照明、温度、換気など)はよくない…… 1 2 3 4
16. 仕事の内容は自分にあっている…………………………………… 1 2 3 4
17. 働きがいのある仕事だ…………………………………………… 1 2 3 4

B　最近1か月間のあなたの状態についてうかがいます。最もあてはまるものに○を付けてください。

	ほとんどなかった	ときどきあった	しばしばあった	ほとんどいつもあった
1. 活気がわいてくる	1	2	3	4
2. 元気がいっぱいだ	1	2	3	4
3. 生き生きする	1	2	3	4
4. 怒りを感じる	1	2	3	4
5. 内心腹立たしい	1	2	3	4
6. イライラしている	1	2	3	4
7. ひどく疲れた	1	2	3	4
8. へとへとだ	1	2	3	4
9. だるい	1	2	3	4
10. 気がはりつめている	1	2	3	4
11. 不安だ	1	2	3	4
12. 落着かない	1	2	3	4
13. ゆううつだ	1	2	3	4
14. 何をするのも面倒だ	1	2	3	4
15. 物事に集中できない	1	2	3	4
16. 気分が晴れない	1	2	3	4
17. 仕事が手につかない	1	2	3	4
18. 悲しいと感じる	1	2	3	4
19. めまいがする	1	2	3	4
20. 体のふしぶしが痛む	1	2	3	4
21. 頭が重かったり頭痛がする	1	2	3	4
22. 首筋や肩がこる	1	2	3	4
23. 腰が痛い	1	2	3	4
24. 目が疲れる	1	2	3	4
25. 動悸や息切れがする	1	2	3	4
26. 胃腸の具合が悪い	1	2	3	4
27. 食欲がない	1	2	3	4
28. 便秘や下痢をする	1	2	3	4

29. よく眠れない	1	2	3	4

C あなたの周りの方々についてうかがいます。最もあてはまるものに○を付けてください。

	非常に	かなり	多少	全くない

次の人たちはどのくらい気軽に話ができますか？

1. 上司	1	2	3	4
2. 職場の同僚	1	2	3	4
3. 配偶者、家族、友人等	1	2	3	4

あなたが困った時、次の人たちはどのくらい頼りになりますか？

4. 上司	1	2	3	4
5. 職場の同僚	1	2	3	4
6. 配偶者、家族、友人等	1	2	3	4

あなたの個人的な問題を相談したら、次の人たちはどのくらいきいてくれますか？

7. 上司	1	2	3	4
8. 職場の同僚	1	2	3	4
9. 配偶者、家族、友人等	1	2	3	4

D 満足度について

	満足	まあ満足	やや不満足	不満足
1. 仕事に満足だ	1	2	3	4
2. 家庭生活に満足だ	1	2	3	4

（厚生労働省 「労働安全衛生法に基づくストレスチェック制度 実施マニュアル」より作成）

「職業性ストレス簡易調査票」の簡略版は次ページのとおりです。簡略版は、基本となる「職業性ストレス簡易調査票」から主要な調査項目を抜き出したものです。

◆職業性ストレス簡易調査票（簡略版23項目）◆

A　あなたの仕事についてうかがいます。最もあてはまるものに○を付けてください。

	そうだ	まあそうだ	ややちがう	ちがう
1．非常にたくさんの仕事をしなければならない	1	2	3	4
2．時間内に仕事が処理しきれない	1	2	3	4
3．一生懸命働かなければならない	1	2	3	4
8．自分のペースで仕事ができる	1	2	3	4
9．自分で仕事の順番・やり方を決めることができる	1	2	3	4
10．職場の仕事の方針に自分の意見を反映できる	1	2	3	4

B　最近1か月間のあなたの状態についてうかがいます。最もあてはまるものに○を付けてください。

	ほとんどなかった	ときどきあった	しばしばあった	ほとんどいつもあった
7．ひどく疲れた	1	2	3	4
8．へとへとだ	1	2	3	4
9．だるい	1	2	3	4
10．気がはりつめている	1	2	3	4
11．不安だ	1	2	3	4
12．落着かない	1	2	3	4
13．ゆううつだ	1	2	3	4
14．何をするのも面倒だ	1	2	3	4
16．気分が晴れない	1	2	3	4
27．食欲がない	1	2	3	4
29．よく眠れない	1	2	3	4

C　あなたの周りの方々についてうかがいます。最もあてはまるものに○を付けてください。

	非常に	かなり	多少	全くない
次の人たちはどのくらい気軽に話ができますか？				
1．上司	1	2	3	4
2．職場の同僚	1	2	3	4
あなたが困った時、次の人たちはどのくらい頼りになりますか？				
4．上司	1	2	3	4
5．職場の同僚	1	2	3	4
あなたの個人的な問題を相談したら、次の人たちはどのくらいきいてくれますか？				
7．上司	1	2	3	4
8．職場の同僚	1	2	3	4

（厚生労働省　「労働安全衛生法に基づくストレスチェック制度　実施マニュアル」より作成）

2-2 高ストレス者の選定

「心身のストレス反応」の高い者を高ストレス者とし、必要に応じて「仕事のストレス要因」、「周囲のサポート」も評価します。

高ストレス者の選定基準

ストレスチェックの結果、次の1または2のいずれかの要件を満たす者は、高ストレス者として選定されることになります。

具体的な選定基準は、実施者の意見および衛生委員会等での調査審議を踏まえて、事業者が決定します。

◆高ストレス者の選定基準◆

1	「心理的な負担による心身の自覚症状に関する項目」（心身のストレス反応）の評価点数の合計が高い者
2	「心理的な負担による心身の自覚症状に関する項目」の評価点数の合計が一定以上の者であって、かつ、「職場における当該労働者の心理的な負担の原因に関する項目」（仕事のストレス要因）および「職場における他の労働者による当該労働者への支援に関する項目」（周囲のサポート）の評価点数の合計が著しく高い者

高ストレス者の選定基準は事業者が決定しますが、個々人の評価は実施者が行います。

高ストレス者の選定例

　職業性ストレス簡易調査票（57項目）を使用する場合の評価基準の設定例は以下のとおりです。

◆高ストレス者の評価基準の設定例◆

ア	「心身のストレス反応」（29項目）の合計点数（ストレスが高いほうを4点、低いほうを1点とする）を算出し、合計点数が77点以上である者を高ストレス者とします。
イ	「仕事のストレス要因」（17項目）および「周囲のサポート」（9項目）の合計点数（ストレスが高いほうを4点、低いほうを1点とする）を算出し、合計点数が76点以上であって、かつ、「心身のストレス反応」の合計点数が63点以上である者を高ストレス者とします。

　この結果、以下のアまたはイに該当するものを高ストレス者と選定します。なお、調査票における「Ｄ．満足度に関する回答」は高ストレス者の選定には含んでいません。

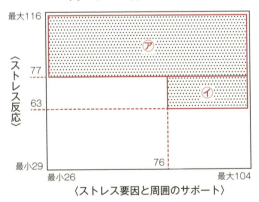

◆高ストレス者の選定例◆

（厚生労働省「労働安全衛生法に基づくストレスチェック制度　実施マニュアル」より作成）

高ストレス者の選定方法(数値基準に基づいて選定する方法)

　数値基準に基づいて高ストレス者を選定する方法については、ストレスチェック制度実施マニュアルに記載されていますが、その内容に基づき、数値基準(合計点数を使う方法)について説明します。マニュアルには、その他にも素点換算表を使う方法も記載されています。(厚生労働省 「数値基準に基づいて「高ストレス者」を選定する方法」より)

(1) 合計点数の算出

　まず、労働者が記入または入力した調査票から合計点数を算出します。

　点数を出す際は、質問の聞き方で点数が低いほどストレスが高いと評価すべき質問が混ざっています。こうした質問は、回答のあった点数を逆転させて足し合わせます。具体的には、以下のとおりです。

◆職業性ストレス簡易調査票の質問に対する回答の置換え例◆

〈職業性ストレス簡易調査票の質問〉
　領域「A」の1〜7、11〜13、15、領域「B」の1〜3の質問項目

　点数に応じて、1⇒4、2⇒3、3⇒2、4⇒1に置き換えます。

(2) 回答結果に基づく各項目の点数

　ある社員の回答結果は59〜60ページのとおりです。網掛け枠内は、点数を置き換えています。

◆職業性ストレス簡易調査票の回答例◆

A　あなたの仕事についてうかがいます。最もあてはまるものに○を付けてください。	そうだ	まあそうだ	ややちがう	ちがう	置き換え後の点数
1．非常にたくさんの仕事をしなければならない	①	2	3	4	4 (1→4)
2．時間内に仕事が処理しきれない	①	2	3	4	4 (1→4)
3．一生懸命働かなければならない	1	②	3	4	3 (2→3)
4．かなり注意を集中する必要がある	1	2	③	4	2 (3→2)
5．高度の知識や技術が必要なむずかしい仕事だ	1	2	③	4	2 (3→2)
6．勤務時間中はいつも仕事のことを考えていなければならない	①	2	3	4	4 (1→4)
7．からだを大変よく使う仕事だ	1	2	3	④	1 (4→1)
8．自分のペースで仕事ができる	1	2	3	④	4
9．自分で仕事の順番・やり方を決めることができる	1	2	③	4	3
10．職場の仕事の方針に自分の意見を反映できる	1	2	③	4	3
11．自分の技能や知識を仕事で使うことが少ない	1	②	3	4	3 (2→3)
12．私の部署内で意見のくい違いがある	1	2	③	4	2 (3→2)
13．私の部署と他の部署とはうまが合わない	1	②	3	4	3 (2→3)
14．私の職場の雰囲気は友好的である	1	2	3	④	4
15．私の職場の作業環境（騒音、照明、温度、換気など）はよくない	1	2	③	4	2 (3→2)
16．仕事の内容は自分にあっている	1	2	③	4	3
17．働きがいのある仕事だ	1	2	3	④	4

B　最近1か月間のあなたの状態についてうかがいます。最もあてはまるものに○を付けてください。	ほとんどなかった	ときどきあった	しばしばあった	ほとんどいつもあった	
1．活気がわいてくる	①	2	3	4	4 (1→4)
2．元気がいっぱいだ	①	2	3	4	4 (1→4)
3．生き生きする	①	2	3	4	4 (1→4)
4．怒りを感じる	1	②	3	4	2
5．内心腹立たしい	1	2	③	4	3
6．イライラしている	1	2	③	4	3
7．ひどく疲れた	1	2	3	④	4
8．へとへとだ	1	2	3	④	4
9．だるい	1	2	3	④	4
10．気がはりつめている	1	2	③	4	3
11．不安だ	1	2	③	4	3
12．落着かない	1	2	3	④	4

13. ゆううつだ	1	2	3	④	4
14. 何をするのも面倒だ	1	2	3	④	4
15. 物事に集中できない	1	2	③	4	3
16. 気分が晴れない	1	2	③	4	3
17. 仕事が手につかない	1	②	3	4	2
18. 悲しいと感じる	1	②	3	4	2
19. めまいがする	1	②	3	4	2
20. 体のふしぶしが痛む	1	②	3	4	2
21. 頭が重かったり頭痛がする	1	2	③	4	3
22. 首筋や肩がこる	1	2	3	④	4
23. 腰が痛い	1	2	③	4	3
24. 目が疲れる	1	2	3	④	4
25. 動悸や息切れがする	1	②	3	4	2
26. 胃腸の具合が悪い	1	2	③	4	3
27. 食欲がない	1	2	③	4	3
28. 便秘や下痢をする	1	2	③	4	3
29. よく眠れない	1	2	③	4	3

C　あなたの周りの方々についてうかがいます。最もあてはまるものに○を付けてください。

非常に　かなり　多少　ないく

次の人たちはどのくらい気軽に話ができますか？

1. 上司	1	2	3	④	4
2. 職場の同僚	1	2	③	4	3
3. 配偶者、家族、友人等	1	2	③	4	3

あなたが困った時、次の人たちはどのくらい頼りになりますか？

4. 上司	1	2	3	④	4
5. 職場の同僚	1	2	③	4	3
6. 配偶者、家族、友人等	1	2	3	④	4

あなたの個人的な問題を相談したら、次の人たちはどのくらいきいてくれますか？

7. 上司	1	2	3	④	4
8. 職場の同僚	1	2	③	4	3
9. 配偶者、家族、友人等	1	2	③	4	3

（厚生労働省　「労働安全衛生法に基づくストレスチェック制度　実施マニュアル」より作成）

(3) 領域ごとの合計点数の算出例

　置き換え後の点数を足し合わせて、領域ごとの合計点数を算出します。先ほどの例では、次ページ上図のとおりになります。

◆領域ごとの合計点数例◆

領域「A」	合計51点
領域「B」	合計92点
領域「C」	合計31点

(4) 判定

　領域ごとの合計点数を、57ページの設定例と照らし合わせると、以下のとおりになります。アまたはイのいずれかに該当すれば高ストレス者の判定になります。

　今回のケースは、心身のストレス反応が92点となり、77点以上ですので、アの基準を満たしており、高ストレス者と判断されます。なお、仕事のストレス要因と周囲のサポートについても、合計点数が82点となっており、イの基準についても満たしています。

◆高ストレス者基準該当例◆

	高ストレス者基準		
	心身のストレス反応 （領域B）	仕事のストレス要因 （領域A）	周囲のサポート （領域C）
ア	77点以上	―	―
イ	63点以上	合計　76点以上	
今回	92点	51点	31点
		（合計82点）	

2-3 ストレスチェック結果の通知

実施者は、ストレスチェック結果を労働者に通知し、面接指導対象者に対して、面接指導を受けるように勧奨します。

ストレスチェック結果の通知内容

実施者から労働者に対して、ストレスチェック結果を通知します。その際には、以下の事項を通知することになります。

◆ストレスチェック結果の通知内容◆

1	個人のストレスチェック結果 ①個人のストレスプロフィール（個人ごとのストレスの特徴や傾向を数値、図表等で示したものです） 次の3つの項目ごとの点数を含むことが必要です。 ・職場における当該労働者の心理的な負担の原因に関する項目 ・当該労働者の心理的な負担による心身の自覚症状に関する項目 ・職場における他の労働者による当該労働者への支援に関する項目 ②ストレスの程度（高ストレスに該当するかどうかを示した評価結果） ③面接指導の対象者か否かの判定結果
2	セルフケアのためのアドバイス
3	事業者への面接指導の申出方法（申出窓口） ※1で面接指導の対象とされた者に限ります。

このうち、1については、①～③まですべての内容を必ず通知しなければなりません。また、2および3については通知することが望ましいとされています。

ストレスチェック結果を通知するうえでの留意点

(1) ICTを利用した場合

　入力の終了と同時に個人のストレスプロフィールや高ストレス者の該当の有無等のストレスチェック結果を表示するしくみとします。

　この場合、受検した労働者がストレスチェックの結果を自ら出力、保存できるか、またはいつでも閲覧できるのであれば、改めて実施者から労働者に結果を通知する必要はありません。

　ただし、実施者は必ず受検者の結果を確認するとともに、高ストレス者と評価された労働者について医師による面接指導を受けさせる必要があるかどうかを確認しなければなりません。

　面接指導が必要であると認められた労働者については、改めてその旨を当該労働者に通知することになります。

(2) 結果は封書かメール等で通知する

　実施者から受検した労働者にストレスチェック結果を通知する際には、他の者に見られないよう、封書または電子メール等で労働者に個別に直接通知する必要があります。

　また、面接指導の要否が他の者に類推されないよう配慮する必要があります。具体的には以下のとおりです。

◆面接指導の必要性に関する通知方法の可否◆

面接指導の必要性に関する通知方法	対応
面接指導の対象者にのみ職場で封書を配布する	×
電子メールで個別に通知する	○
自宅に封書で郵送する	○
全員にストレスチェック結果を封書で通知する際に併せて面接指導の対象者である旨の通知文も同封して通知する	○

ストレスチェック結果の通知例は次のとおりです。

◆ストレスチェック結果の通知例◆

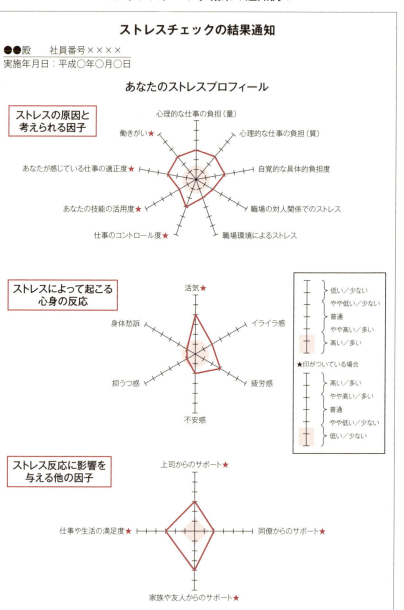

〈評価結果（点数）について〉

項目	評価点（合計）
ストレスの要因に関する項目	○○点
心身のストレス反応に関する項目	○○点
周囲のサポートに関する項目	○○点
合計	○○点

〈あなたのストレスの程度について〉

あなたはストレスが高い状態です（高ストレス者に該当します）。

> セルフケアのためのアドバイス
> ・・・・・・・・・・・・・・・・・・・・・・・・・・・・・
> ・・・・・・・・・・・・・・・・・・・・・・・・・・・・・

〈面接指導の要否について〉

医師の面接指導を受けていただくことをおすすめします。

以下の申出窓口にご連絡下さい。

○○○○（メール：＊＊＊＊＠＊＊＊＊　電話：＊＊＊＊－＊＊＊＊）

※面接指導を申出した場合は、ストレスチェック結果は会社側に提供されます。また、面接指導の結果、必要に応じて就業上の措置が講じられることになります。

※医師の面接指導ではなく、相談をご希望の方は、下記までご連絡下さい。

○○○○（メール：＊＊＊＊＠＊＊＊＊　電話：＊＊＊＊－＊＊＊＊）

ストレスチェック実施者　産業医○○○○

（厚生労働省　「労働安全衛生法に基づくストレスチェック制度　実施マニュアル」より作成）

面接指導の申出の勧奨

　ストレスチェックの結果、面接指導が必要とされた労働者に対して、結果通知に合わせて面接指導の申出窓口等を知らせます。

　なるべく面接指導を申し出るよう、面接指導の対象者を把握している医師等の実施者が、次ページの面接指導の申出の勧奨方法の表により申出の勧奨を行います。

また、面接指導の申出を行わない労働者に対して、申出の勧奨ができるのは、実施者とストレスチェックの実施事務従事者に限られています。
　面接指導を受けるか否かは、あくまで勧奨を受けた本人の選択になります。しかし、メンタルヘルス不調の予防の観点から、面接指導が必要と判断された労働者ができるだけ面接指導を申し出ることが望まれます。
　なお、労働基準監督署への報告は、ストレスチェック制度の実施状況を把握するためのものであり、面接指導は労働者からの申出に基づいて実施するものなので、面接指導の実施率が低いことを理由として指導の対象になることは予定されておりません。

◆面接指導の申出の勧奨方法◆

- 実施者が個人のストレスチェック結果を本人に通知する際に、面接指導の対象者であることを伝え、面接指導を受けるよう勧奨する方法。

- 個人のストレスチェック結果の通知から一定期間後に、実施者が封書または電子メールで本人にその後の状況について確認し、面接指導の申出を行っていない者に対して面接指導を受けるよう勧奨する方法。

- 面接指導の申出の有無の情報を、事業者から提供してもらい、すでに事業者に対して申出を行った労働者を除いて勧奨する方法。

ストレスチェックの実施プログラム

　厚生労働省では、ストレスチェック制度が事業者にて円滑に導入できるよう、ストレスチェックの受検、ストレスチェックの結果出力、集団分析等ができる「厚生労働省版ストレスチェック実施プログラム（以下「実施プログラム」といいます）」を無料で配布しています。
　この実施プログラムは、事業場で実施するものであり、事業場の担当者がダウンロードして活用することになります。

第2章 ✔ ストレスチェックの実施と結果の通知

◆実施プログラムの機能◆

1. 労働者が画面でストレスチェックを受けることができる機能
   ※職業性ストレス簡易調査票の57項目によるものと、より簡易な23項目によるものの2パターンを利用可能
   ※紙の調査票で実施しＣＳＶ等へ入力したデータをインポートすることも可能
2. 労働者の受検状況を管理する機能
3. 労働者が入力した情報に基づき、あらかじめ設定した判定基準に基づき、自動的に高ストレス者を判定する機能
4. 個人のストレスチェック結果を出力する機能
5. あらかじめ設定した集団ごとに、ストレスチェック結果を集計・分析(仕事のストレス判定図の作成)する機能
6. 集団ごとの集計・分析結果を出力する機能
7. 労働基準監督署へ報告する情報を表示する機能

(「厚生労働省版ストレスチェック実施プログラム」ダウンロードサイトより)

◆実施プログラムのメニュー画面◆

(「厚生労働省版ストレスチェック実施プログラム」ダウンロードサイトより)

2-4 ストレスチェック結果の記録・保存

事業者は、個人のストレスチェック結果の記録について、実施者または実施事務従事者に保存させるよう必要な措置を講じます。

ストレスチェック結果の保存義務

(1) 労働者から提出の同意が得られた場合

ストレスチェック結果の事業者への提供について、労働者から同意を得て、実施者からその結果の提供を受けた場合は、事業者は、ストレスチェック結果の記録を作成して5年間保存します。

(2) 労働者から提出の同意が得られていない場合

労働者の同意がなく、事業者に提供されない個人のストレスチェック結果の記録の保存は、実施者が行うことが望ましいとされています。

しかし、実施者が行うことが困難な場合は、事業者は、実施者以外の実施事務従事者の中から記録の保存事務の担当者を指名します。

保存が必要な個人のストレスチェック結果の記録の内容

保存が必要な個人のストレスチェック結果の記録の内容は以下のとおりです。受検者が記入・入力した調査票の原票は必ずしも保存しておく必要はありません。

1	個人のストレスチェックのデータ（個人ごとの検査結果を数値、図表等で示したもの）
2	ストレスの程度（高ストレスに該当するかどうかを示した評価結果）
3	面接指導の対象者か否かの判定結果

実施者または実施事務従事者が記録を保存するときは、5年間保存することが望ましいとされています。保存方法、保存場所等は、事業

◆実施者またはその他の実施事務従事者による結果保存の例◆

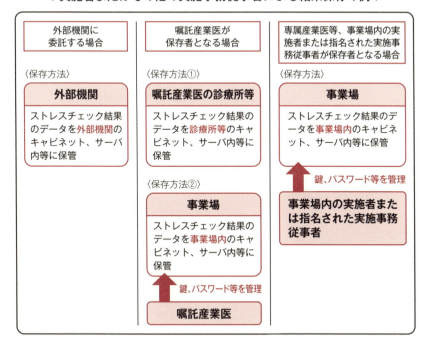

（厚生労働省 「労働安全衛生法に基づくストレスチェック制度　実施マニュアル」より作成）

場の衛生委員会等で調査審議したうえで事業者が決定することになりますが、その際、セキュリティの確保等必要な措置を講じる必要があります。保存の例は上図のとおりです。

保存方法

　ストレスチェック結果の記録保存は、紙媒体と電磁的媒体のいずれの方法も可能です（電磁的媒体の場合は「厚生労働省の所管する法令の規定に基づく民間事業者等が行う書面の保存等における情報通信の技術の利用に関する省令について」〈平成17年3月31日付基発第0331014号〉を参照）。

　また、事業者への提供の同意に係る書面または電磁的記録についても、事業者が5年間保存することになります。

第3章

面接指導を実施する際の注意点

3-1 面接指導の実施方法

事業者は、面接指導の申出をした労働者が、面接指導対象者に該当するかを確認し、医師による面接指導を行います。

事業者が面接指導の対象労働者を確認する

事業者は、ストレスチェックにより高ストレス者として選定され、面接指導を受ける必要があると医師等の実施者が認めた者に対し、労働者からの申出に応じて医師による面接指導を実施します。

事業者は、面接指導の申出があったときは、ストレスチェック結果を当該労働者から提出させたり、実施者に当該労働者が要件に該当するかどうかを判断させ、当該労働者が面接指導の対象となる者かを確認します。

基本的には、当該労働者からストレスチェック結果を提出させることが望ましいでしょう。

医師等が面接指導の勧奨を行う

次ページと74ページの書式例に記載のとおり、なるべく面接指導を申し出るよう、医師等の実施者が、面接指導の申出の勧奨を行います。

この面接指導の勧奨の段階で、面接指導が行われる場所、日時を明確にし、文書に記載しておくと良いでしょう。

面接指導の申出は書面や電子メールで行う

面接指導を希望する旨の申出は、書面や電子メール等で行います。そして、事業者は、その記録を5年間保存します。

この面接指導の申出は遅滞なく行います。この遅滞なくとは、おおむね1か月以内とされています。

第3章 面接指導を実施する際の注意点

◆面接指導勧奨文例1◆

~ストレスチェック受検者の皆様へ~

　ストレスチェックの受検結果をお知らせ致します。あなたのストレスチェック結果はいかがだったでしょうか？

1）ストレスチェック結果に基づく医師による面接指導について
　　職場でストレスを感じる労働者の割合は年々増加傾向にあり、メンタルヘルス不調による労災認定も増加してきています。そのような現状を鑑み、平成26年の労働安全衛生法改正により、「心理的な負担の程度を把握するための検査」（ストレスチェック）の実施が事業者に義務付けられることとなりました。
　　制度の狙いは、労働者の皆様に年一回、自身のストレスに関する気づきの機会をもっていただくことですが、高ストレス状態にある労働者に対して医師の面接指導を受けていただき、必要な範囲で就業上の措置（時間外労働の制限、作業の転換など）を講ずることでメンタルヘルス不調に進展することを未然に防止するのも目的として掲げられています。
　　面接指導を受けるかどうかはあくまでも任意であり、会社側から指示や強要はできませんし、受けないことによる不利益な取扱いを行ってはならないとされておりますが、医師の面接により、自身で気づいていない心身不調について把握するきっかけになると思われます。今回のストレスチェックで高ストレスという結果だった受検者の方につきましては、<u>この機会に是非、（事業者（上司）に申出て）医師による面接指導をお勧め致します</u>。下記の窓口にお申し出ください。

［面接指導の窓口］
　〇〇会社××部　健康管理室　担当：〇〇　〇〇
　連絡先：電話番号0X-XXXX-XXXX、内線????、メールアドレス：????@???-????.co.jp

2）社内外相談窓口について
　　また、ストレスチェック制度に基づく医師の面接指導以外にも、社内外に以下のような相談窓口が用意されています。今回のストレスチェックの結果に関わらず、どなたでも利用できますので、体調面で何か気になることがあればご相談ください。

［社内相談窓口］
　〇〇会社××部　健康管理室　保健師　〇〇　〇〇
　連絡先：電話番号0X-XXXX-XXXX、内線XXXX、メールアドレス：????@???-????.co.jp

［社外相談窓口］
　（株）＃＃＃＃（契約メンタルヘルスサービス機関）
　電話カウンセリング　0120-XX-XXXX／予約対面カウンセリング　0120-XXX-XXXX

（厚生労働省「労働安全衛生法に基づくストレスチェック制度　実施マニュアル」を一部修正・加筆）

◆面接指導勧奨文例2◆

産業医からのお知らせ

こんにちは。○○会社△△事業場　産業医の＊＊＊＊です。
　今回のストレスチェックの結果、あなたのストレス度が高いとの結果でしたので、個別にご連絡しております。(個別結果については別途Webないし結果報告書でご確認ください)
　ストレスチェックを行った時点と、その直前1ヶ月程度の状態が反映されているという条件ですが、あなたのストレスバランスが崩れている可能性がありますので、心配しています。
　現在の心身の状態はいかがでしょうか。もし何らかの不調やストレスの存在を自覚されるようでしたら、下記日程のいずれかで、「ストレスチェックに基づく産業医面接」を強くお勧めします。
　その際に、今回のストレスチェックの個別結果の印刷物提示と説明も改めて行うこととします。

〈面接室開設日程〉
①＊＊月＊日(木)　②＊＊月＊＊日(月)　③＊＊月＊＊日(木)　④＠＠月＠日(月)　⑤＠＠月＠＠日(木)
〈面接開始時間〉初回の面接時間は25分迄を予定しています。
㋐15:00　㋑15:30　㋒16:00　㋓16:30
〈面接申込方法と注意点〉【注:受付期間は＊＊月＊＊日(金)～＠＠月＠日(火)】
①下記電話番号もしくはE-mailへご連絡をお願いします。
　ご用件:「ストレスチェック後の面接希望」とお伝え・ご記載ください)、社員番号、お名前、所属名、ご連絡先、面接希望日時(第一希望から第三希望)をお知らせください。

> 　　　　　0＊＊＊-＊＊＊-＊＊＊＊　※産業保健担当部署の電話です
> 　E-mail:＊＊＊＊＊＊＊.＊＊＊＠＊＊＊＊＊.com　※ほぼ3日以内にご返信いたします
> 　電話受付時間:月～金曜日　10:00～12:00と13:00～17:00
> ※ただし電子メールの場合は返信した候補日にご本人が合意されてから申込完了となります。

②なお、上記の産業医面接に、ご本人が希望されて申し込まれた場合は、労働安全衛生法の規定と事業場の衛生委員会での決議事項に従って、あなたが「面接指導対象者である」との情報を、産業医から人事労務担当者に提供させていただきますので、ご了承ください。ただし、ご本人の同意がない限り面接内容は確実に守秘されますのでご安心ください。
※会社側へのストレスチェック結果の通知に同意はできないが面談を希望される場合は、上記の申し込み先に一般の健康相談として申し込んでください。
この場合はストレスチェック結果に関わらず、通常と同様に、保健師等または産業医による面談となり、保健師等と産業医のみが情報を共有いたします。安心してご利用ください。
⇒何か気になることや相談事項があれば、対応します。

【個人情報管理について】
この面接指導は、就業上の措置、ひいては会社の安全配慮義務(従業員一人一人の安全と健康を守るための種々の配慮)の遂行の一助とするためのものです。面接指導の結果(通常勤務可、要就業制限、要休業)については人事・所属職場上司等に報告されます。また、産業医(面接担当医)が必要と判断した範囲で、会社に対して意見提示、助言指導等を行う場合があります。その他、産業医・保健師の面談で聴取した内容につきましては、受検者の安全や健康、生命に差し迫った危険・危機があると判断される場合を除き、守秘致します。
社外相談窓口につきましては当該機関のプライバシーポリシーに則って取り扱われます。

(厚生労働省　「労働安全衛生法に基づくストレスチェック制度　実施マニュアル」より作成)

第3章 面接指導を実施する際の注意点

◆面接指導に係る申出書◆

ストレスチェック結果に基づく面接指導に係る申出書

平成　年　月　日

（事業者　職氏名）

_____ 殿

所属 _____

氏名 _____

私は、下記のとおり面接指導を受けることを希望します。また、私のストレスチェック結果を提出いたします。

記

1　面接指導の希望日時
　　　第一希望：平成○年○月○日○時
　　　第二希望：平成○年○月○日○時
　　　第三希望：平成○年○月○日○時

2　面接指導を実施するにあたり配慮を求める事項

以　上

面接の指導勧奨文は会社の実情にあわせて作成してください。

面接指導は申出から１か月以内に実施する

　面接指導は申出があってからおおむね１か月以内に実施する必要があり、面接指導を実施する医師と調整のうえ、日時の設定を行います。
　また、面接指導は原則的には就業時間内に設定します。
　日時の設定では、対象者が面接指導を受けやすくするため、就業場所において曜日や時間について環境を整えたり、その労働者の上司の理解を得る等の配慮が必要です。

産業医等が面接指導を行う

　面接指導を実施する医師は、事業場の産業医または事業場において産業保健活動に従事している医師が推奨されています。
　必ずしも精神科医や心療内科医が実施する必要はありません。しかし、労働者の状況によって、専門医療機関への受診勧奨要否も判断しますので、メンタルヘルスの知識や技術があることが望まれます。

面接指導の進め方

(1) 面接指導の手段

　面接指導は「問診その他の方法により心身の状況を把握し、これに応じて面接により必要な指導を行うこと」とされており、直接対面で行うことが原則です。
　しかし、労働者の心身の状況を把握し、必要な指導ができる状況で実施するのであれば、テレビ電話など情報通信機器で面接指導を行える場合があります。
　ただし、この情報通信機器を用いた面接指導は、次ページ図に示す要件を満たす必要があります
　このため、情報通信機器を用いた面接指導を実施するのは現実的には煩雑な面があり、医師が直接労働者と面接し、労働者とのやりとりやその様子（表情、しぐさ、話し方、声色等）から労働者の疲労の状況やストレスの状況その他の心身の状況を把握することが適切と考えますので、できれば対面で行うのが良いでしょう。

◆情報通信機器を用いた面接指導の要件◆

1	〈面接指導を実施する医師が、以下のいずれかの場合に該当すること〉 ①面接指導を実施する医師が、対象労働者が所属する事業場の産業医である場合 ②面接指導を実施する医師が、契約（雇用契約を含む）により、少なくとも過去1年以上の期間にわたって、対象労働者が所属する事業場の労働者の日常的な健康管理に関する業務を担当している場合。 ③面接指導を実施する医師が、過去1年以内に、対象労働者が所属する事業場を巡視したことがある場合。 ④面接指導を実施する医師が、過去1年以内に、当該労働者に直接対面により指導等を実施したことがある場合。
2	〈面接指導に用いる情報通信機器が、以下のすべての要件を満たすこと〉 ①面接指導を行う医師と労働者とが相互に表情、顔色、声、しぐさ等を確認できるものであって、映像と音声の送受信が常時安定しかつ円滑であること。なお、映像を伴わない電話による面接指導の実施は認められない。 ②情報セキュリティ（外部への情報漏洩の防止や外部からの不正アクセスの防止）が確保されること。 ③労働者が面接指導を受ける際の情報通信機器の操作が、複雑、難解なものでなく、容易に利用できること。
3	〈情報通信機器を用いた面接指導の実施方法等について、以下のいずれの要件も満たすこと〉 ①情報通信機器を用いた面接指導の実施方法について、衛生委員会等で調査審議を行ったうえで、事前に労働者に周知していること。 ②情報通信機器を用いて実施する場合は、面接指導の内容が第三者に知られることがないような環境を整備するなど、労働者のプライバシーに配慮していること。
4	情報通信機器を用いた面接指導において、医師が緊急に対応すべき徴候等を把握した場合に、労働者が面接指導を受けている事業場その他の場所の近隣の医師等と連携して対応したり、その事業場にいる産業保健スタッフが対応する等の緊急時対応体制が整備されていること。

（厚生労働省 「情報通信機器を用いた面接指導の実施について」より）

（2）面接指導の場所の選定

　面接指導を実施する場所は、秘密が厳守されるよう配慮する必要があります。周囲の目を気にせず、リラックスして受けることができる場所を選びます。

　また、事業場外で実施する場合も、業務に支障をきたさないよう、事業場から遠くない場所を選定すると良いでしょう。

（3）事前の情報収集

　面接指導の実施に先立って、実施者は、事業者（人事・労務担当者）や本人から必要な情報を収集することになります。

　ここでは以下の情報を収集します。

◆面接指導前に収集する情報◆

1	対象となる労働者の氏名、性別、年齢、所属する事業場名、部署、役職等
2	ストレスチェックの結果（個人のストレスプロフィール等）
3	ストレスチェックを実施する直前1か月間の、労働時間（時間外・休日労働時間を含む）、労働日数、業務内容（特に責任の重さなどを含む）等
4	定期健康診断やその他の健康診断の結果（外部の医師に面接指導を依頼する場合は、これらの提供について本人の同意が必要です）
5	ストレスチェックの実施時期が繁忙期または比較的閑散期であったかどうかの情報
6	職場巡視における職場環境の状況に関する情報

　また、できれば、対象者の上司から具体的な内容を記載した文書や仕事上のトラブル等の有無の情報を入手します。ただし、対象者に開示する場合は、上司の同意が必要になります。

　そして、対象者にあらかじめ面接指導自己チェック表に記入を求め、業務の過重性、ストレス要因についての情報を収集します。面接指導自己チェック表の例は次ページのとおりです。

◆面接指導自己チェック表の例◆

仕事の過重性・ストレスについて（該当項目をチェックしてください）				
	そうだ	まあそうだ	やや違う	違う
1）労働時間（残業時間）が長い	☐	☐	☐	☐
2）不規則勤務である	☐	☐	☐	☐
3）拘束時間の長い勤務である	☐	☐	☐	☐
4）出張が多い業務である	☐	☐	☐	☐
5）交替勤務が多い	☐	☐	☐	☐
6）深夜勤務が多い	☐	☐	☐	☐
7）人間関係のストレスが多い業務である	☐	☐	☐	☐
8）作業環境について				
温度環境がよくない	☐	☐	☐	☐
騒音が大きい	☐	☐	☐	☐
9）精神的緊張性の高い業務である				
自分または他人に対し危険度の高い業務	☐	☐	☐	☐
過大なノルマのある業務	☐	☐	☐	☐
達成期限が短く限られている業務	☐	☐	☐	☐
トラブル・紛争処理業務	☐	☐	☐	☐
周囲の支援のない業務	☐	☐	☐	☐
困難な新規・立て直し業務	☐	☐	☐	☐
業務に関連しないストレスについて（家庭問題等）				
☐低い　　☐高い				

（厚生労働省 「労働安全衛生法に基づくストレスチェック制度　実施マニュアル」より作成）

(4) 面接指導での確認事項

面接指導では、以下の内容について医師が確認します。

◆面接指導における医師の確認事項◆

1	職場における当該労働者の心理的な負担の原因に関する項目
2	当該労働者の心理的な負担による心身の自覚症状に関する項目
3	職場における他の労働者による当該労働者への支援に関する項目
4	当該労働者の勤務の状況 ・当該労働者の労働時間、業務内容等についてあらかじめ事業者から情報を入手します。 ・ストレス要因となりうる職場の人間関係や前回検査以降の業務・役割の変化の有無等について把握します。 ・他の労働者による当該労働者への支援の状況について確認します。
5	心理的な負担の状況 ・ストレスチェック結果をもとに、抑うつ症状等について把握します。必要に応じて、うつ病のスクリーニング検査や構造化面接法を行うことも考えられます。
6	その他心身の状況の確認 ・過去の健診結果や現在の生活状況の確認を行います。 ・必要に応じてうつ病等や一般的なストレス関連疾患を念頭においた確認を行います。

(5) 面接指導における医学上の指導

以下の事項について医師が労働者に医学上の指導を行います。

◆面接指導における医師の医学上の指導内容◆

1	保健指導 ・ストレス対処技術の指導 ・気づきとセルフケア
2	受診指導（※面接指導の結果、必要に応じて実施） ・専門機関の受診の勧奨と紹介

3-2 医師からの意見聴取と就業上の措置の決定

> 事業者は、医師による面接指導の結果に基づいて就業上の措置を決定します。

■ 面接指導後、遅滞なく医師から意見聴取を行う

医師からの意見聴取は、面接指導が行われた後、遅滞なく行います。この「遅滞なく」とは、遅くとも1か月以内を意味します。

労働者のストレスの程度等の健康状態から緊急に就業上の措置を講ずべき必要がある場合は、可能な限り速やかに意見聴取を行います。

就業上の措置については次ページで説明しています。

■ 意見を聴く医師

面接指導を実施した医師から意見を聴取することが適当とされています。

意見を聴く医師が外部の精神科医等である場合、労働者の勤務状況や職場環境等を把握していないことがありますので、面接指導を実施した医師の意見を踏まえた産業医の意見を聴いておくと良いでしょう。

■ 医師から「就業上の措置の内容」への意見を聴く

事業者が医師から、面接指導実施後遅滞なく、就業上の措置の必要性の有無および講ずべき措置の内容等の意見を聴きます。

■ 労働者本人が事業者に伝えることを拒む場合

面接指導の結果に基づき、医師が事業者に就業上の措置を意見することになりますが、本人が拒む場合も考えられます。

たしかに、面接指導を踏まえた就業上の措置に関する医師の意見は、必要な情報に限定すれば本人同意がなくても事業者に伝えられるしくみではあります。しかし、円滑に行うには面接指導にあたり事前に本

◆面接指導をした医師から聴く就業上の措置の内容等◆

ア　就業区分およびその内容に関する医師の判断			
就業区分		就業上の措置の内容	
区分	内容		
通常勤務	通常の勤務でよいもの		
就業制限	勤務に制限を加える必要のあるもの	メンタルヘルス不調を未然に防止するため、労働時間の短縮、出張の制限、時間外労働の制限、労働負荷の制限、作業の転換、就業場所の変更、深夜業の回数の減少または昼間勤務への転換等の措置を講じる。	
要休業	勤務を休む必要のあるもの	療養等のため、休暇または休職等により一定期間勤務させない措置を講じる。	

イ　必要に応じ、職場環境の改善に関する意見

（厚生労働省　「労働安全衛生法に基づくストレスチェック制度　実施マニュアル」より作成）

人にその旨説明し、了解を得たうえでの実施が望ましいとされています。

就業上の措置として考えられるもの

事業者は、医師の意見を勘案し、必要がある場合は、当該労働者の実情を考慮して、就業場所の変更、作業の転換、労働時間の短縮、深夜業の回数の減少等の措置を行います。

医師の意見を衛生委員会等へ報告し、その他の適切な措置を講じます。就業上の措置を行った後、ストレス状態に改善が見られた場合、産業医等の意見を聴き、通常の勤務に戻す等適切な措置を講じます。

ストレスチェック実施から事後措置までの流れ

ストレスチェックから事後措置までの流れは次ページ図のとおりになります。

第3章 面接指導を実施する際の注意点

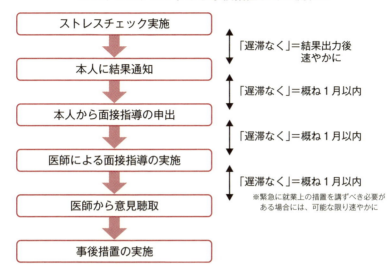

◆ストレスチェックから事後措置までの流れ◆

(厚生労働省 「労働安全衛生法に基づくストレスチェック制度 実施マニュアル」より作成)

3-3 面接指導の結果は記録して5年間保存する

診断名、検査値、労働者が訴える症状等の生データや詳細な医学的情報は事業者に提供できないことになっています。

面接指導の記録を作成するうえでの医師からの情報提供

面接指導結果の記録の作成にあたり、面接指導を実施した医師は、当該労働者の健康を確保するための就業上の措置を実施するため必要最小限の情報に限定して、事業者に情報を提供する必要があります。

このため、診断名、検査値、労働者が訴える症状等の生データや詳細な医学的情報は事業者に提供できないこととされています。

面接指導結果の記録・保存の内容

面接指導結果の記録および保存する内容は下表のとおりです。

そして、面接指導結果の記録は、これらの事項が記載されていれば、面接指導を実施した医師からの報告をそのまま保存することで対応できます。対応例として、次ページに「面接指導結果報告書及び就業上の措置に係る意見書」を掲載しています。

◆面接指導結果の記録および保存する内容◆

1	面接指導の実施年月日
2	当該労働者の氏名
3	面接指導を行った医師の氏名
4	当該労働者の勤務の状況
5	当該労働者の心理的な負担の状況
6	その他の当該労働者の心身の状況
7	当該労働者の健康を保持するために必要な措置についての医師の意見

第3章 面接指導を実施する際の注意点

◆面接指導結果報告書及び就業上の措置に係る意見書(記載例)◆

【高ストレス者の場合】

長時間労働者関係 ・ <u>高ストレス者関係</u> 【該当するものに○】

面接指導結果報告書

対象者	氏名	労働 花子	所属	労働部 労働課
			男・**女**	年齢 **28** 歳

勤務の状況 (労働時間、労働時間以外の要因)	・本年4月の人事異動により業務内容が変わり、外部との折衝業務が増大した。
疲労の蓄積の状況 【長時間労働者のみ】	0. 1. 2. 3. (低) (高)
心理的な負担の状況 【高ストレス者のみ】	(ストレスチェック結果) A.ストレスの要因　**55**　点 B.心身の自覚症状　**81**　点 C.周囲の支援　　　**30**　点	(医学的所見に関する特記事項) **強いストレス反応が数か月間継続している。**
その他の心身の状況	0. 所見なし　**1. 所見あり**（**体重減少などストレスの影響と思われる所見あり**）
面接医師判断 本人への指導区分 ※複数選択可	0. 措置不要 1. 要保健指導 2. 要経過観察 **3. 要再面接（時期：3か月後　）** 4. 現病治療継続 又は 医療機関紹介	(その他特記事項) **専門医を受診するとともに、食事、睡眠等について継続的な保健指導が必要。**

就業上の措置に係る意見書

就業区分	0. 通常勤務　**1. 就業制限・配慮**　2. 要休業		
就業上の措置	労働時間の短縮 (考えられるものに○)	0. 特に指示なし 1. 時間外労働の制限　　時間／月まで **2. 時間外労働の禁止** 3. 就業時間を制限　時　分～　時　分	4. 変形労働時間制または裁量労働制の対象からの除外 5. 就業の禁止（休暇・休養の指示） 6. その他
	労働時間以外の項目 (考えられるものに○を付け、措置の内容を具体的に記述)	主要項目　a. 就業場所の変更　b. 作業の転換　c. 深夜業の回数の減少　d. 昼間勤務への転換　**e.** その他 1) **外部との折衝業務の負担軽減** 2) 3)	
	措置期間	**3**　日・週・**月**　又は　　年　月　日～　年　月　日	
職場環境の改善に関する意見 【高ストレス者のみ】	**仕事上の悩みについて上司や同僚に気軽に相談できる環境をつくるため、一般社員、管理職それぞれに対するメンタルヘルス教育が必要。**		
医療機関への受診配慮等			
その他 (連絡事項等)	**就業上の措置を決定する際には、本人の意見を十分に聴くことが必要。また、必要に応じ、主治医の意見も参考にすること。**		
医師の所属先 ○○○○株式会社　健康管理室	**2015**年　**12**月　**20**日　(実施年月日)	医師氏名　**安全　一郎**	印

(厚生労働省　「長時間労働者、高ストレス者の面接指導に関する報告書・意見書作成マニュアル」より)

第4章

ストレスチェックの結果を集団ごとに集計・分析

4-1 ストレスチェックの結果を集団ごとに集計・分析する

事業者は、検査の結果を当該事業場の一定規模の集団ごとに実施者に集計させ、結果について分析させるよう努めます。

集団ごとの集計・分析により職場環境等の改善を図る

　ストレスチェック制度を通じて、労働者本人のセルフケアを進めるとともに、職場環境の改善に取り組むことが重要になります。
　そこで、ストレスチェックの結果を職場や部署単位で集計・分析することにより高ストレスの労働者が多い部署を明らかにし、必要に応じて、職場環境等の改善を図ります。
　集団ごとの集計・分析およびその結果に基づく対応は、努力義務ですが、職場のストレスを低減させるため、できるだけ実施することが望ましいといえます。

集計・分析に用いる調査票

　集団ごとの集計・分析の具体的な方法は、使用する調査票（ストレスチェック項目）により異なりますが、「職業性ストレス簡易調査票」（57項目）または簡略版（23項目）を使用する場合は、「職業性ストレス簡易調査票」に関して公開されている「仕事のストレス判定図」（90ページ以降を参照）によることが適当とされています。

「職業性ストレス簡易調査票」は52～55ページをご参照ください。

対象が10人を下回るなら労働者全員の同意が必要

　集団ごとの集計・分析結果は、個人ごとの結果を特定できないため、労働者の同意がなくても実施者から事業者に提供することができます。

　ただし、集計・分析の単位が10人を下回る場合には個人が特定されるおそれがありますので、対象となる労働者全員の同意がない限り、集計・分析結果を事業者に提供することはできません。

　この下限人数の10人は、在籍労働者数ではなく、実際の受検者数（有効なデータ数）でカウントします。

　すべての部署が10人以下ということもあるでしょうが、この場合は、いくつかの部署を合わせて集団分析を行ったり、たとえば対象集団について、ストレスチェックの評価点の総計の平均値を求める方法など個人が特定されるおそれのない方法であれば、集団分析は可能とされています。

　事業場の実情に応じて、工夫して対応することになります。

集計・分析結果は5年間保存が望ましい

　集団ごとの集計・分析結果は、経年変化をみて職場のストレスの状況を把握・分析することも重要ですので、5年間保存することが望ましいとされています。

集団ごとの集計・分析結果に基づく職場環境の改善

　「仕事のストレス判定図」を用いた場合、部・課などの分析対象集団が、これまでの研究成果に基づく標準集団に比べて、どの程度健康リスクがあるのかを判定できます。

　この判定結果を踏まえて、事業者は産業医と連携し、各職場における業務改善、管理監督者向け研修の実施、衛生委員会等における具体的な活用方法の検討などを行います。

4-2 仕事のストレス判定図

部や課等の集団を対象に、仕事のストレス要因の程度と労働者の健康に与える影響の大きさを評価し、職場改善を図ります。

仕事のストレス判定図とは

「仕事のストレス判定図」とは、職場などの集団を対象として仕事上のストレス要因を評価し、どの程度、労働者の健康に影響を与えているかを判定するためのツールです。

仕事のストレス判定図の特徴

仕事のストレス判定図の特徴は以下のとおりです。

◆仕事のストレス判定図の特徴◆

- 特別な専門知識がなくても、誰でも簡単に使用できます。
- 最小で12問の質問の回答を合計するだけで判定ができます。
- ある職場のストレスの大きさを、全国2.5万人の労働者の平均と比べて判定することができます。
- ストレスの大小だけでなく、そのための健康リスクも知ることができるので、対策の必要性が判断しやすい面があります。

仕事のストレス判定図の質問票例

仕事のストレス判定図における質問票例は次ページのとおりです。この質問票を集計して平均点を算出します。そして、92ページの図に示すとおり、全国平均と職場ごとの平均を比較して、問題の有無を把握します。また、93ページの図は、その流れを示したものです。

◆仕事のストレス判定図を使用するための質問票の例◆

あなたの性別は（いずれかに○）	①男性　　②女性

あなたのお仕事についてうかがいます。最もあてはまる回答の欄に○を記入して下さい。

	そうだ	まあそうだ	ややちがう	ちがう
(1) 一生懸命働かなければならない				
(2) 非常にたくさんの仕事をしなければならない				
(3) 時間内に仕事が処理しきれない				
(4) 自分のペースで仕事ができる				
(5) 自分で仕事の順番・やり方を決めることができる				
(6) 職場の仕事の方針に自分の意見を反映できる				

あなたの周りの方々についてうかがいます。最もあてはまる回答の欄に○を記入して下さい。

		非常に	かなり	多少	全くない
次の人たちとはどのくらい気軽に話せますか？	(7) 上司				
	(8) 職場の同僚				
あなたが困ったとき、次の人達はどのくらい頼りになりますか？	(9) 上司				
	(10) 職場の同僚				
あなたの個人的な問題を相談したら、次の人達はどのくらい聞いてくれますか？	(11) 上司				
	(12) 職場の同僚				

○得点の計算方法：問1～6は、そうだ＝4点、まあそうだ＝3点、ややちがう＝2点、ちがう＝1点を与える。問7～12は、非常に＝4点、かなり＝3点、多少＝2点、全くない＝1点を与える。以下の式に従って各得点を計算する：仕事の量的負荷＝問1＋問2＋問3、仕事のコントロール＝問4＋問5＋問6、上司の支援＝問7＋問9＋問11、同僚の支援＝問8＋問10＋問12。
＊この調査票は、職業性ストレス簡易調査票から必要部分を抜粋したものである。

（労働省「作業関連の予防に関する研究」班健康影響評価グループ 「仕事のストレス判定図」マニュアルより）

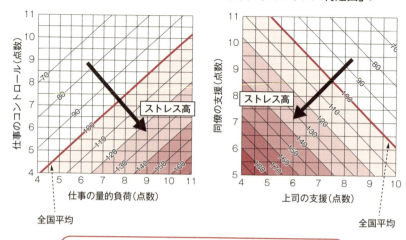

※全国平均と職場ごとの平均を比較して、問題の有無を把握

(厚生労働省 「改正労働安全衛生法に基づくストレスチェック制度について」より作成)

〈「仕事のストレス判定図」活用上の注意点〉

　仕事のストレス判定図では、男女別に判定図が用意されています。

　しかしストレスチェックでは、性別の情報を調査しない場合もあります。性別に分けて集計することで1分析単位あたりの回答者数が少数となり分析が困難となることもあるからです。このような場合には男女を区別せず、男性の判定図を使用します。

　ただし、女性のデータを男性の判定図にあてはめた場合、量的負担と仕事のコントロールによる健康リスク値がどちらかといえば過大に評価される可能性があるので注意が必要です。

　そして、仕事のストレス判定図においては、仕事のストレスの4つの側面しか評価していません。判定図にとりあげられていないストレス要因があることも考慮します。

　すなわち、仕事のストレス判定図から計算される健康リスクは仕事のストレスに関するリスク程度の1つの指標であり、これを参考にしながら、他の情報も考慮して総合的にリスク評価を行うことが適切です。

第4章 ✓ストレスチェックの結果を集団ごとに集計・分析

◆仕事のストレス判定図の流れ図◆

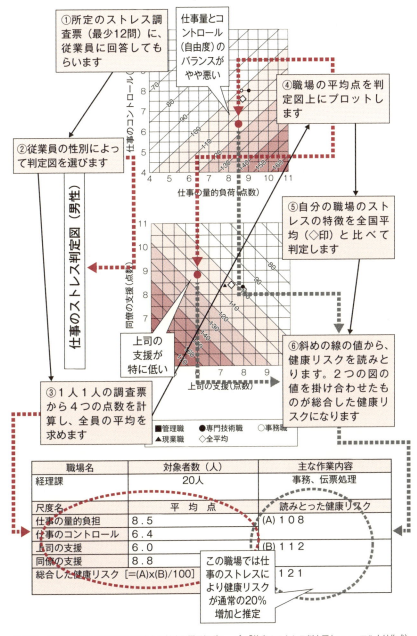

(労働省「作業関連の予防に関する研究」班健康影響評価グループ「仕事のストレス判定図」マニュアルより作成)

たとえば、健康診断データの集計結果、職場巡視、労働者や職場上司からの聞き取りなども同時に活用することが望ましいとされています。

第5章

ストレスチェック制度における留意点

5-1 労働者の健康情報は保護しなければならない

労働者の同意なくストレスチェック結果を事業者に提供できません。また、実施事務従事者には守秘義務が課せられます。

結果を提供してもらうには労働者の同意が必要

　ストレスチェック制度に関する労働者の健康情報の保護が適切に行われることが重要です。

　そのため、事業者がストレスチェック制度に関する労働者の秘密を勝手に入手することは禁止されており、労働者の同意なくストレスチェック結果が事業者に提供されることはありません。

　そして、労働者からの同意の取得方法ですが、ストレスチェック結果が当該労働者に知らされていない時点で事業者への提供について労働者の同意を取得することは不適切であり、事業者は、ストレスチェックの実施前または実施時に労働者の同意を取得できません。

　したがって、同意を取得する場合は次ページ上図に掲げるいずれかの方法によるものとされています。

　なお、ストレスチェックを受けた労働者が、事業者に対して面接指導の申出を行った場合は、その申出をもってストレスチェック結果の事業者への提供に同意がなされたとみなすことができます。

　また、包括同意（たとえば衛生委員会等で労働側代表の同意を得ることで、労働者全員の同意を得たとみなす方法）やオプトアウト方式による同意取得（全員に対して、期日までに不同意の意思表示をしない限り、同意したものとみなす旨通知し、意思表示のない者は同意したものとみなす方法）は認められません。

　さらに、同意の取得に係る書面または電磁的記録は、事業者が5年間保存することになります。

第5章 ストレスチェック制度における留意点

◆ストレスチェック結果の同意取得方法◆

1	ストレスチェックを受けた労働者に対して当該ストレスチェックの結果を通知した後に、事業者、実施者またはその他の実施事務従事者が、ストレスチェックを受けた労働者に対して、個別に同意の有無を確認する方法。
2	ストレスチェックを受けた労働者に対して当該ストレスチェックの結果を通知した後に、実施者またはその他の実施事務従事者が、高ストレス者として選定され、面接指導を受ける必要があると実施者が認めた労働者に対して、当該労働者が面接指導の対象であることを他の労働者に把握されないような方法で、個別に同意の有無を確認する方法。

「同意取得のタイミング」を整理すると下表のとおりになります。

◆ストレスチェック結果の同意取得の可否◆

同意取得のタイミング	判定
実施前（実施前にメールで確認等）	×
実施時（調査票に同意の有無のチェック欄を設ける等）	×
包括同意（たとえば衛生委員会等で労働側代表の同意を得ることで、労働者全員の同意を得たとみなす方法）	×
オプトアウト方式による同意取得（全員に対して、期日までに不同意の意思表示をしない限り、同意したものとみなす旨通知し、意思表示のない者は同意したものとみなす方法）	×
結果を個々人に通知後	○

　なお、ストレスチェック結果については、全労働者の結果を事業者へ情報開示しないということを事業場で取り決めることもできます。
　この場合は、事業場の衛生委員会等で調査審議を行ったうえで、事業者は個々人のストレスチェック結果を把握しないこととします。この場合は労働者の同意を得る手続きは不要です。

実施事務従事者の守秘義務

　ストレスチェックの実施事務従事者には、守秘義務が課せられます。具体的には、次ページの表のとおりです。

◆実施事務従事者の守秘義務の内容◆

1	ストレスチェックの実施事務従事者は、労働安全衛生法第104条により、実施に関して知り得た労働者の秘密を漏らしてはならないとされています。
2	ストレスチェックの実施の事務は実施者の指示により行うものであり、実施の事務に関与していない所属部署の上司等の指示を受けて、ストレスチェックの実施の事務に従事することによって知り得た労働者の秘密を漏らしたりしてはなりません。
3	ストレスチェックの実施の事務に従事したことによって知り得た労働者の秘密を、自らの所属部署の業務等のうちストレスチェックの実施の事務とは関係しない業務に利用してはなりません。

本人以外が把握できない方法での通知

　事業者は、実施者にストレスチェック結果を労働者に通知させるにあたり、封書または電子メール等で当該労働者に直接通知させる等、結果を当該労働者以外が把握できない方法で通知させる必要があります。

外部機関との情報共有

　ストレスチェックを外部機関に委託し、事業場の産業医が共同実施という形をとらない場合、あらかじめ外部機関とのやりとりに係る窓口の役割を産業医等の産業保健スタッフに担わせ、本人の同意を得て、外部機関から事業者に個人のストレスチェック結果を提供する際は、産業医等を通じて事業者に提供することが望まれます。

第5章 ✔ストレスチェック制度における留意点

◆ストレスチェックの結果の同意取得文書の例◆

～ストレスチェック受検者の皆様へ～

ストレスチェックの受検結果をお知らせ致します。あなたのストレスチェック結果はいかがだったでしょうか？

あなたのストレスチェック結果の会社への通知について、●●日までに回答をお願いします。

氏　　名	

	同意する	同意しない
会社へのストレスチェック結果の通知について		

※同意する・同意しないどちらかに必ず○をつけてください。

《会社へのストレスチェック結果の同意・提供について》
- ストレスチェック結果の会社への通知について、同意しないことで不利益な取り扱いをされることはありません。
- あなたの同意が得られた場合、会社にもあなたに通知したものと同じストレスチェック結果の情報を提供します。
- 会社は、得たストレスチェック結果の情報をあなたの健康確保のための就業上の措置に必要な範囲を超えて、上司や同僚等に伝えることはありません。
- 会社は、得たストレスチェック結果の情報を5年間保存します。

（大分労働局　ホームページより）

5-2 ストレスチェックについての不利益取扱いの禁止

ストレスチェックを受けないことや面接指導の申出を理由とした不利益取扱いは禁止されています。

面接指導の申出を理由とした不利益な取扱いの禁止

事業者は、労働者が面接指導の申出をしたことを理由に不利益な取扱いをしてはなりません。

また、面接指導の要件を満たしているにもかかわらず、面接指導の申出を行わない労働者に対して、これを理由とした不利益な取扱いを行うこともできません。

受検しないことを理由とした不利益な取扱いの禁止

ストレスチェックを受けない労働者に対して、これを理由とした不利益な取扱いを行うことは禁止されています。

たとえば、就業規則においてストレスチェックの受検を義務づけ、受検しない労働者に対して懲戒処分を行うことはできません。

また、ストレスチェック結果を事業者に提供することに同意しない労働者に対して、これを理由とした不利益な取扱いを行うこともできません。

面接指導結果を理由とした不利益な取扱いの禁止

医師による面接指導を行うこと又は面接指導結果に基づく必要な措置について医師の意見を聴取する等を行わず、就業上の措置について不利益な取扱いを行うことはできません。

また、医師の意見とはその内容・程度が著しく異なる等、医師の意見を勘案し必要と認められる範囲内となっていないもの、または労働者の実情が考慮されていないもの等の措置を行うこともできません。

また、面接指導の結果を理由として、以下に掲げる措置を行うこと

も禁止されています。

◆ 面接指導の結果に基づき行うことができない措置 ◆

・解雇すること
・期間を定めて雇用される者について契約の更新をしないこと
・退職勧奨を行うこと
・不当な動機・目的をもってなされたと判断されるような配置転換又は職位（役職）の変更を命じること
・その他の労働契約法等の労働関係法令に違反する措置を講じること

面接指導を経ずに就業上の措置を講じることはできない

　個人のストレスチェック結果に基づく面接指導の結果を踏まえて事業者が講じる措置の中には、労働者にとって不利益となりうるものの、それ以上に労働者の健康確保の必要性が高いなど、措置の内容によっては合理的な取扱いである場合も考えられます。

　この場合、事業者が、面接指導の結果を踏まえて何らかの就業上の措置を講じるにあたっては、面接指導の結果に基づき、必要な措置について医師の意見を聴取するという法定の手続を適正に取ったうえで、措置を講じる必要があります。

　このため、以下の行為は不適当とされています。

◆ 面接指導を経ずに行うことができない就業上の措置 ◆

・本人の同意により事業者に提供された個人のストレスチェック結果をもとに、医師の面接指導を経ずに、事業者が配置転換等の就業上の措置を講じること。
・個人のストレスチェック結果をもとに、保健師、看護師もしくは精神保健福祉士または産業カウンセラーもしくは臨床心理士等の心理職による相談対応等を行った場合に、その結果をもとに、医師の面接指導を経ずに、事業者が配置転換等の就業上の措置を講じること。

5-3 産業医を活用するときの留意点

産業医はストレスチェック制度の中心的な役割を果たすことが望ましい。

ストレスチェック制度における産業医等の位置づけ

　産業医は、事業場における労働者の健康管理等の職務を行う者であり、そのための専門的知識を有する者です。また、事業者は、産業医に対し、労働者の健康障害を防止するための必要な措置を講じる権限を与えなければならないこととされています。
　こうしたことから、産業医がストレスチェックおよび面接指導を実施する等の場面で、中心的役割を担うことが適当とされています。

産業医の具体的な役割

　ストレスチェックおよび面接指導は、当該事業場の産業医が実施することが望ましいとされています。
　また、事業者は、医師から必要な措置についての意見を聴くにあたり、面接指導を実施した医師が、産業医以外の者であるときは、産業医からも面接指導を実施した医師の意見を踏まえた意見を聴くことが望ましいとされています。

ストレスチェック制度に関する産業医との契約書例

　ストレスチェック制度に関する産業医との契約書例は、次ページの書式例のとおりです。あくまでも例なので、実情に合わせて適宜修正加筆が必要です。

◆ストレスチェック制度に関する産業医との契約書例◆

ストレスチェックに係る産業医契約書（例）

　○○○事業者（以下「甲」という。）と○○○医師（以下「乙」という。）とは、乙の実施するストレスチェックに関する業務について次のとおり契約を締結する。

(業務内容)
第1条　乙は、甲の従業員に対し、次の各号に掲げる業務を行うものとする。
　(1) ストレスチェックの実施
　(2) ストレスチェックの実施についての助言
　(3) ストレスチェック実施後の面接指導の実施
　(4) ストレスチェックの結果についての集団分析
　(5) 面接指導の結果についての事業主への意見陳述
　(6) その他ストレスチェックに係る産業医活動

(報酬)
第2条　乙が本契約に基づいて行った業務に関し、甲が支払う報酬の額は1回につき○○○○円とする。
　　　（これは、1回ごとの報酬額を定める場合。※必要に応じて「ただし、1事業年度ごとの上限額を○○○○円とする。」などを挿入。報酬額を年額で定めるなら、以下のようになる）

(報酬額を年額で定める場合)
　乙が本契約に基づいて行った業務に関し、甲が支払う報酬の額は、1年につき○○○○円とする。

(責任の所在)
第3条　乙が本契約に定める業務を遂行中に受けた物的及び人的事故は、甲の責任とする。ただし、乙の故意又は重大な過失によるものは、この限りではない。

(契約の期間)
第4条　本契約の期間は、平成○年○月○日から平成○年○月○日までとする。

(解除等)
第5条　甲、乙のいずれか一方の都合により、本契約を改定又は解除する場合は、事実発生の1か月前までに書面をもって相手方に通知するものとする。

(守秘義務)
第6条　乙は、本契約に定める業務を遂行上知り得た甲の秘密に関する事項を他に漏らしてはならない。本契約が終了し、又は解除された後においても同様とする。

(契約に定めのない事項)
第7条　本契約に定めのない事項については、甲、乙協議の上、これを定める。

　本契約を証するため、本書2通を作成し、両者記名押印の上、甲、乙、それぞれ1通を保有する。
平成○年○月○日

　　　　　　　　　甲　○○県○○市○○町○○番○号
　　　　　　　　　　○○株式会社　代表取締役　○○　○○　㊞

　　　　　　　　　乙　○○県○○市○○町○○番○号
　　　　　　　　　　医師　○○　○○　㊞

(独立行政法人労働者健康福祉機構　ホームページより)

第5章 ストレスチェック制度における留意点

 外部機関を活用するときの留意点

外部機関を活用する場合、ストレスチェック、面接指導を適切に実施でき、情報管理の体制が整備されているかを確認します。

外部機関を活用するときのチェックリスト

事業者は、ストレスチェックや面接指導を外部機関に委託する場合は、あらかじめ、当該機関が適切にストレスチェック制度を実施できる体制にあるか、情報管理が適切になされるかどうか等を、以下のチェックリストを参考にし、十分に確認すると良いでしょう。

以下のチェックリストは、厚生労働省の「労働安全衛生法に基づくストレスチェック制度　実施マニュアル」を参考に作成しました。

◆ストレスチェック制度についての理解度の確認◆

		チェック
1	ストレスチェックの目的が主に一次予防にあることを理解しているか。	
2	実施者やその他の実施事務従事者に対して、法に基づき守秘義務が課されることを理解しているか。	
3	本人の同意なくストレスチェック結果を事業者に提供することが禁止されていることを理解しているか。	
4	実施者やその他の実施事務従事者となる者に対して、研修を受けさせる等で、ストレスチェック制度のしくみや個人情報保護の重要性を周知し、理解させているか。	
5	外部機関と当該事業場の産業医等が密接に連携することが望ましいことを理解しているか。	

◆実施体制についての確認◆

		チェック
1	受託業務全体を管理するための体制が整備されているか（全体の管理責任者が明確になっているか）。	
2	ストレスチェックの実施者として必要な資格を有する者が確保され、かつ明示されているか。	
3	ストレスチェック結果に基づいて面接指導を行う産業医資格を有する医師が確保され、かつ明示されているか。	
4	実施者や医師の指示に基づいてストレスチェックや面接指導の実施の補助業務を行う実施事務従事者が確保され、かつ明示されているか。	
5	実施事務従事者の担当する業務の範囲は必要な範囲に限定され、また明確になっているか。	
6	ストレスチェックや面接指導に関して、労働者からの問い合わせに適切に対応できる体制が整備されているか。	
7	実施者やその他の実施事務従事者が、必要に応じて委託元の産業保健スタッフと綿密に連絡調整を行う体制がとられているか。	

◆調査票・評価方法および実施方法についての確認◆

		チェック
1	ストレスチェックに用いる調査票の選定、評価方法および高ストレス者の選定基準の決定について実施者が行うこととなっているか。	
2	ストレスチェックに用いる調査票は、法令の要件（ストレス要因、心身のストレス反応および周囲のサポートの3領域を含むものか）を満たすか。	
3	国が示す標準的な57項目の調査票または23項目の簡易版以外の調査票を用いる場合は、科学的な根拠が示されているか。	
4	提案されるストレスチェック結果の評価方法および高ストレス者の選定方法・基準は適切か。	

第5章 ✔ストレスチェック制度における留意点

5	調査票の記入・入力、記入・入力の終わった調査票の回収等が、実施者やその他の実施事務従事者および労働者本人以外の第三者に見られないような状態で行える方法がとられるか。ICTを用いて行う場合は、実施者および労働者本人以外の第三者に見られないようなパスワード管理、不正アクセス等を防止するセキュリティ管理が適切に行われるか。	
6	実施者が受検者全員のストレスチェック結果を確認し、面接指導の要否を判断する体制がとられるか。	
7	高ストレス者の選定にあたり、調査票に加えて補足的に面談を行う場合、当該面談を行う者は、医師、保健師等の適切な国家資格保有者であるか、または臨床心理士、産業カウンセラー等の心理専門職となるか。また、当該面談は実施者の指示の下に実施する体制がとられるか。	
8	労働者の受検の状況を適切に把握し、事業者からの求めに応じて、受検状況に関する情報を提供できる体制がとられるか。	
9	集団ごとの集計・分析を行い、わかりやすく結果を示すことができるか。その際、集団ごとの集計・分析の単位は、回答者10人以上となるか。	

◆ストレスチェック実施後の対応についての確認◆

		チェック
1	ストレスチェック結果の通知は、実施者やその他の実施事務従事者および労働者本人以外の第三者に知られることのない形で、直接本人にされる方法がとられるか。	
2	本人に通知する内容は、①ストレスの特徴や傾向を数値、図表等で示したもの、②高ストレスの該当の有無、③面接指導の要否など、法令に定められた内容を網羅するものとなるか。	
3	面接指導が必要な労働者に対して、実施者やその他の実施事務従事者および労働者本人以外の第三者にわからないような適切な方法で面接指導の申出を促す体制がとられるか。	
4	ストレスチェックの結果、緊急に対応が必要な労働者がいる場合に、委託元の産業保健スタッフを通じた事業者との連絡調整を含め、適切に対応できる体制がとられるか。	

5	ストレスチェックの結果を事業者に通知することについての同意の取得方法について、法令に則った方法になるか（事前や実施時に同意を取得するような不適切な方法がとられないか）。	
6	実施者またはその他の実施事務従事者が結果の記録を5年間保存するための具体的な方法が明示され、そのために必要な施設、設備が整備され、実施者および労働者本人以外の第三者が結果を閲覧できないような十分なセキュリティが確保されるか。	

◆面接指導の実施方法についての確認◆

		チェック
1	面接指導の実施場所はプライバシー保護や労働者の利便性の観点から適切か。	
2	面接指導を実施するにあたり、対象となる労働者の労働時間、労働密度、深夜業の回数及び時間数、作業態様、作業負荷の状況等の勤務の状況や職場環境等に関する情報を事業者から入手し、適切に取り扱う体制となっているか。	

◆面接指導実施後の対応◆

		チェック
1	面接指導の結果を事業者に通知するにあたり、就業上の措置を実施するため必要最小限の情報に限定し、診断名、検査値、具体的な愁訴の内容等の生データが提供されることがないような方法がとられるか。	
2	面接指導の結果、緊急に対応が必要な労働者がいる場合に、委託元の産業保健スタッフを通じた事業者との連絡調整を含め、適切に対応できる体制がとられるか。	

（105～108ページの表については、厚生労働省 「労働安全衛生法に基づくストレスチェック制度実施マニュアル」を一部修正加筆）

外部機関活用におけるコスト

　ストレスチェック制度に関して、外部機関を活用するか、自社および自社と契約している産業医(以下「自社対応」といいます)で対応すべきか判断に迷うところもあると思われます。
　ストレスチェック制度ではコストが発生しますので、こうしたコスト面も考慮に入れつつ、対応することになります。
　外部機関活用と自社対応の違いは、以下のとおりです。

(1) 外部機関では利用するサービスでコストが変わる

　外部機関にストレスチェックを依頼する場合ですが、発生するコストは安価であることもあれば、高額になることもあります。
　この価格差は労働者数、提供するサービスの内容によって異なります。サービスの内容について一例をあげると下表のとおりです。
　たとえば、「ストレスチェック結果の回答集計」だけのサービスを行う場合は、WEB対応であれば、さほど労力が発生しないので、安価なケース(1つのIDに対して数百円)が多いと思われます。
　それ以外の内容を追加すればするほど、価格は上昇することになり、たとえば、面接指導は医師に限定されており、医師の時間に応じてそれなりのコスト(例:○万円/時間)が発生します。

◆ストレスチェック制度でコストが発生する内容例◆

	内容
ストレスチェック結果の回答集計	WEBと紙がありますが、WEB対応のほうが安価なケースが多いです。
ストレスチェック結果の通知	法に基づいたストレスチェック結果を発送します。面接指導対象者の選定については医師等の実施者が関わります。
面接指導医師の手配	医師による面接指導を行います。面接指導は、対面が原則のため、それなりの費用が発生します。

ストレスチェックおよび面接指導結果の保存	外部機関のサーバに保存してもらいます。セキュリティも確保してもらいます。
報告書類の作成	年1回提出する、労基署への報告書を作成してもらいます。
衛生委員会等への調査審議のコンサルティング	衛生委員会の設置からストレスチェック制度に関する調査審議に対し、サポートしてもらいます。価格は高めになることが考えられます。
集団分析	集団分析結果を報告してもらいます。
メンタルヘルス外部相談窓口	面接指導後の対応、ストレスチェックを受検しない者等への対応として相談窓口を設置します。利用の都度課金する場合もあれば、一定の金額を支払うことで、相談回数が無制限対応の場合もあります。

(2) 自社対応は厚労省のプログラムでできる？

　厚生労働省から「ストレスチェックの実施プログラム」が公開されていますので、このプログラムを活用し、適切に産業医と連携できれば、基本的には、産業医に係るコストで対応できると思われます。

　たとえば、ストレスチェックのデータ入力管理、記録保存等は産業医の指示により社内の実施事務従事者が担当し、面接指導対象者の選定、面接指導の実施、事業者への意見等は産業医が担当することになります。

　コスト面を考慮すれば、ストレスチェックの実施プログラムを活用して、ストレスチェックを外部機関に依頼することなく自社対応することも考えられます。

(3) 信頼できる外部機関を選ぶ

　外部機関を活用すると、コストは発生するものの、ストレスチェック制度の業務については効率化が図れます。

　また、外部機関は、コストだけで選定するのではなく、信頼性や一次予防の機能が確保できているかなどの視点から確認することが重要です。

信頼性の面では、守秘義務はもちろんのこと、本当に自社のことを適切に考えて対処してくれるかどうかが重要です。

たとえば、今回のストレスチェック制度では、高ストレス者の具体的な選定基準については、56ページの要件を満たすことが前提ですが、独自に定めることになります。したがって、基準の設定次第では、大量の高ストレス者が発生することもあります。

そして、こうした大量の高ストレス者が面接指導の対象になることで、大きく費用が膨らむことになります。したがって、仮に自社の産業医が専門外で不安があり、外部機関は面接指導できる医師を抱えていれば、外部機関にとって売上の拡大が見込めることになるのです。

これは極端なケースではあり、こうしたことはないと思いますが、大切なことは外部機関を活用する場合は、外部機関の提案をそのまま受け入れるのではなく、自社の衛生委員会等が主体的に的確に判断することです。

たとえば、先ほどの高ストレス者の選定においても、具体的な根拠を示してもらう等して、選定基準の妥当性について自社の衛生委員会等が適切に判断することが必要です。

(4) 外部機関の全部委託・一部委託

外部機関を活用する場合は、ストレスチェック制度について全部委託する場合と一部を委託する場合に分けられます。

① 外部機関に全部委託する場合

ストレスチェック制度のみならず、メンタルヘルスに関する総合的対策（たとえば、メンタルヘルスに関するコンサルティング、社員研修の実施、メンタルヘルス外部相談窓口の設置）を図る考えであれば、今回義務づけられているストレスチェック制度を全部委託するとともに、自社で必要とするメンタルヘルスサービスを付加するかたちで外部機関に委託し、自社のメンタルヘルス対策を強化しても良いでしょう。

この場合は、メンタルヘルス対策に関する専門性が高く、実績および信頼性が高い外部機関を選定することが望ましいといえます。

もちろん、多額のコストが発生するので、複数の外部機関から説明を受け、自社にとって納得できる外部機関を選定する必要があります。
　選定に際しては、製造業等が外部委託する際の判断基準としているQCDを用いると良いでしょう。

◆外部委託する場合の選定基準◆

Q：Quality　品質	提供されるメンタルヘルスサービスは他社と比較して高いレベルか、実績はどの程度あるか。
C：Cost　価格	提供されるメンタルヘルスサービスの価格は適切か、予算の範囲内か。
D：Delivery　納期	自社が求める期限内にメンタルヘルスサービス（ストレスチェック制度を含む）を提供できるか。

② 外部機関に一部を委託する場合

　自社において、メンタルヘルス対策が整備されており、今回のストレスチェック制度の対応のみを考慮すれば良い状況ではあるものの、社員数が多く、また自社のストレスチェック対応の人員が不足している場合は、一部のサービスを外部機関に委託し、残りを自社対応しても良いでしょう。

　たとえば、109ページの表に示した「ストレスチェック結果の回答集計」と「ストレスチェック結果の通知」は外部機関に委託し、「面接指導医師の手配」以降は自社対応とします。

　面接指導の申出があれば、その労働者からは同意がなくてもストレスチェック結果を受領することができるので、その後は、面接指導の結果を踏まえて高ストレス社員への個別対応（たとえば、必要に応じて労働時間短縮等の就業上の措置）を自社で検討します。

　このように対象となる労働者へのストレスチェックは外部機関対応、高ストレス社員への面接指導以降については自社対応とします。

　また、外部機関を選定するうえでの基準は、105ページのチェックリストを活用すると良いでしょう。

第5章 ストレスチェック制度における留意点

5-5 派遣労働者へのストレスチェックは誰が行う？

> 派遣労働者に対するストレスチェックおよび面接指導については、派遣元事業者が実施することになります。

集団ごとの集計・分析は派遣先事業者が行う

　派遣労働者に対するストレスチェックおよび面接指導については、派遣元事業者が実施することとされています。

　一方、努力義務である集団ごとの集計・分析については、職場単位で実施することが重要ですので、派遣先事業者は、派遣労働者も含めた一定規模の集団ごとにストレスチェック結果を集計・分析し、その

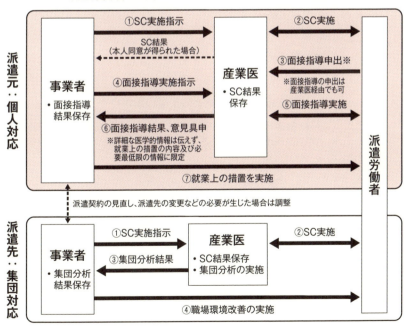

◆派遣労働者に対するストレスチェック制度の取扱い◆

※SCはストレスチェックのことです。
(厚生労働省 「労働安全衛生法に基づくストレスチェック制度　実施マニュアル」より作成)

結果に基づく措置を実施することが望ましいとしています。

なお、派遣先事業者に労働者が60人（うち20人が派遣労働者）という場合、正規の労働者は40人しかいなくても、事業場の人数は派遣労働者を含めて数えますので、そのような派遣先にはストレスチェックの実施義務があり、派遣先は40人の正規労働者に対してストレスチェックを実施する義務が生じます。

就業上の措置の留意点

個人のストレスチェック結果に基づき、医師による面接指導を実施した場合は、医師の意見を聴取し、その意見を勘案して、必要に応じ、就業場所の変更、作業の転換、労働時間の短縮等の就業上の措置を講じることになります。

派遣労働者については、法令上、派遣元事業者に就業上の措置の義務が課されていますが、以下の留意点があることも踏まえて、就業上の措置の実施にあたっては、必要に応じて派遣先と連携しつつ、適切に対応することが求められます。

ただし、派遣先との連携にあたっては、契約更新の拒否など不利益取扱いにつながることのないよう、十分に配慮しなければなりません。

◆派遣労働者の就業上の措置の留意点◆

1	労働者派遣契約では、あらかじめ業務内容、就業場所等が特定されており、派遣元が一方的にそれらを変更するような措置を講じることは困難であること。
2	就業場所の変更、作業の転換等の就業上の措置を実施するためには、労働者派遣契約の変更が必要となるが、派遣先の同意が得られない場合には、就業上の措置の実施が困難となるため、派遣先の変更も含めた措置が必要となる場合もあること。

5-6 労働者数50人未満の事業場はどうすればいい？

常時使用する労働者数が50人未満の小規模事業場は、当分の間、ストレスチェックの実施は努力義務とされています。

実施するときは法令、指針等に従う

常時使用する労働者数が50人未満の小規模事業場においては、当分の間、ストレスチェックの実施は努力義務とされています。

そして、50人未満の事業場がストレスチェック制度を実施する場合についても法令、指針等に従う必要があります。

地域産業保健センター等を活用する

常時使用する労働者数が50人未満の小規模事業場では、産業医および衛生管理者の選任ならびに衛生委員会等の設置が義務づけられていません。

こうしたことから、ストレスチェックおよび面接指導を実施する場合は、産業保健総合支援センターの地域窓口（地域産業保健センター）等を活用して取り組むことができます。

実施促進のための助成金

同一都道府県に所在する、労働者数が50人未満の複数（2から10まで）の事業場が、合同でストレスチェックを実施し、また、合同で選任した産業医がストレスチェック後の面接指導等を実施する場合に、費用の助成を受けられる制度があります。

詳しくは、次ページ図のとおりです。

◆**労働者数が50人未満の事業場に対する助成金の内容**◆ (2015年11月1日現在)

1	・ストレスチェック（年1回）を行った場合 　　1労働者につき500円を上限として、その実費額を支給
2	・ストレスチェック後の面接指導などの産業医活動を受けた場合 　　1事業場あたり産業医1回の活動につき21,500円を上限として、その実費額を支給（1事業場につき年3回を限度）

　助成金の支給申請をする前に、小規模事業場の集団を形成し、支給要件を満たしているとの確認を受けるため、あらかじめ労働者健康福祉機構への届出が必要になります。
　具体的には、次の5つの要件をすべて満たしていることが必要です。

◆**助成金を受けるための要件**◆

1	常時使用する労働者数が50人未満であり、同一の都道府県内にある複数（2から10まで）の小規模事業場を含む事業場で集団を構成していること。
2	集団を構成する小規模事業場の事業者が産業医を合同で選任し、ストレスチェックに係る産業医活動の全部または一部を行わせること。
3	ストレスチェックの実施者および実施時期が決まっていること。
4	集団を構成するすべての小規模事業場において、ストレスチェックおよび面接指導を行う予定であること。
5	集団を構成する小規模事業場の代表者と2の産業医（合同選任産業医）が同一者でないこと。

　助成金の詳細は、労働者健康福祉機構にお問い合わせのうえ、ご確認ください。

第5章 ストレスチェック制度における留意点

5-7 実施状況は労働基準監督署に報告する

面接指導の実施後に、ストレスチェックと面接指導の実施状況を所定の様式に記入して労働基準監督署に報告します。

検査および面接指導結果を報告する

常時50人以上の労働者を使用する事業者は、1年以内ごとに1回、定期に、「心理的な負担の程度を把握するための検査結果等報告書」（次ページの様式を参照）を所轄労働基準監督署長に提出しなければなりません。報告書作成上の留意点は以下のとおりです。

◆労基署への報告書作成上の留意点◆

ストレスチェックを複数月にわたって行った場合	最終月を記載します。
報告書の提出時期	各事業場における事業年度の終了後など、事業場ごとに設定することができます。
部署ごとに順次行うなど、年間を通じてストレスチェックを行っている場合	検査は暦年1年間での受検者数を記入し、それに伴う面接指導を受けた者の数を報告することになります。
派遣労働者や義務対象外のパートやアルバイト（勤務時間が正社員の4分の3未満の者）にもストレスチェックを実施した場合	労働基準監督署に報告するのは、義務の対象となっている人数となりますので、派遣先における派遣労働者や、義務対象外のパート・アルバイトについては、報告する人数に含める必要はありません。
産業医がストレスチェックに関与していない場合	産業医がストレスチェックに関与していなくても報告内容を確認のうえ、産業医は少なくとも報告の内容を知っておくべきであるため、産業医欄に記名押印します。
本社でまとめて報告できるか	事業場ごとに、管轄の労働基準監督署まで提出する必要があるので、本社でまとめて報告はできません。

◆心理的な負担の程度を把握するための検査結果等報告書(労働基準監督署報告様式)◆

様式第6号の2(第52条の21関係)(表面)

心理的な負担の程度を把握するための検査結果等報告書

労働保険番号	80501					

（都道府県／所掌／管轄／基幹番号／枝番号／被一括事業場番号）

対象年	7:平成 → □□ 年分	検査実施年月	7:平成 → 元号 □□ 年 □□ 月
事業の種類		事業場の名称	
事業場の所在地	郵便番号（　　　）		電話（　　）

			在籍労働者数	□□□□□ 人
検査を実施した者	□	1:事業場選任の産業医 2:事業場所属の医師(1以外の医師に限る。)、保健師、看護師又は精神保健福祉士 3:外部委託先の医師、保健師、看護師又は精神保健福祉士	検査を受けた労働者数	□□□□□ 人
面接指導を実施した医師	□	1:事業場選任の産業医 2:事業場所属の医師(1以外の医師に限る。) 3:外部委託先の医師	面接指導を受けた労働者数	□□□□□ 人
集団ごとの分析の実施の有無	□	1:検査結果の集団ごとの分析を行った 2:検査結果の集団ごとの分析を行っていない		

※折り曲げる場合は、（◀）の所を谷に折り曲げること

産業医	氏名	㊞
	所属医療機関の名称及び所在地	

年　月　日

　　　　　　事業者職氏名

＿＿＿＿＿労働基準監督署長殿　　㊞

（受付印）

第6章

ストレスチェック制度以外の一次予防

6-1 4つのケア

4つのケアを推進し、事業場内のメンタルヘルス不調者の発生防止を図ることが大切です。

ストレスチェック制度以外に様々な対策を行う意義

　ストレスチェック制度は、メンタルヘルス不調となることを未然に防止する「一次予防」のために実施されます。

　しかし、ストレスチェック制度だけでは、この「一次予防」に適切に対応するには不十分な面があります。

　なぜならば、ストレスチェック制度は社員に受検が義務づけられていないうえ、ストレスチェックの結果は本人の同意を得なければ取得できないので、全社員のメンタルヘルスの状況を確認できません。

　したがって、ストレスチェック制度以外に、社員がメンタルヘルス不調になることを防止するため、様々な対策を講じる必要があるのです。

　そこで、本章ではストレスチェック制度以外の様々な一次予防策を解説します。

　本章におきましては、『詳解　職場のメンタルヘルス対策の実務』(坂本直紀　他編著　民事法研究会、第5章　心の健康対策〈執筆担当：坂本直紀〉)の内容を参考に記載しました。

4つのケアとはどのようなものか

　「労働者の心の健康の保持増進のための指針」(厚生労働省)では、4つのメンタルヘルスケアの推進の重要性を示しています。

　この4つのケアを適切に推進することが、メンタルヘルス不調を未然に防ぐうえで有効です。4つのケアとは、次ページ図のようなものです。

◆ 4つのケアの概要 ◆

1	セルフケア 　労働者自身がストレスや心の健康について理解し、自らのストレスを予防、軽減するあるいはこれに対処すること
2	ラインケア 　労働者と日常的に接する管理監督者が、心の健康に関して職場環境等の改善や労働者に対する相談対応を行うこと
3	事業場内産業保健スタッフ等によるケア 　産業医、衛生管理者等の事業場内産業保健スタッフ等が事業場の心の健康づくり対策の提言を行うとともに、その推進を担い、また、労働者および管理監督者を支援すること
4	事業場外資源によるケア 　事業場外の機関および専門家を活用し、その支援を受けること

（1）セルフケア

　労働者がストレスに気づくためには、労働者がストレス要因に対するストレス反応や心の健康について理解するとともに、自らのストレスや心の健康状態についても正しく認識する必要があります。

　したがって、事業者は、以下に示すとおり労働者に対して適切にサポートを行い、セルフケアを促進します。

① 教育研修・情報提供

　下図の内容について教育研修・情報提供を行います。

◆ セルフケアにおける教育研修・情報提供の内容 ◆

・メンタルヘルスケアに関する事業場の方針
・ストレスおよびメンタルヘルスケアに関する基礎知識
・セルフケアの重要性および心の健康問題に対する正しい態度
・ストレスへの気づき方
・ストレスの予防、軽減およびストレスへの対処の方法
・自発的な相談の有用性
・事業場内の相談先および事業場外資源に関する情報

② 相談体制の整備

　労働者自身が管理監督者や事業場内産業保健スタッフ等に自発的に相談しやすい環境にします。

　たとえば、次ページの書式例のような「メンタルヘルス相談窓口」に関する案内文を作成し、労働者に周知します。

③ セルフチェックの機会

　ストレスチェックでの実施者によるセルフチェックのアドバイスを有効にする意味からも、ストレスへの気づきのためにストレスに関する調査票や情報端末機器を活用し、随時、セルフチェックを行うことができる機会を提供します。

④ セルフケアに関する対策事例

　セルフケアで重要なことは、「いつもの自分と違う」ことの気づきを得ることです。

　そのためには、情報提供と教育研修が重要となります。下図は、ある企業における情報提供例です。

◆**セルフケア──情報提供例**◆

> 　ある企業では、メンタルヘルスに関する様々な情報をイントラネット上で公開しています。具体的には、気づきやストレスのチェックの他に各種公的機関の相談窓口、病院のかかり方などを掲示しています。さらに、カウンセリングについてもQ＆A形式で掲載しています。

　このように、社員が容易にメンタルヘルスの情報にアクセスが可能であり、「いつもの自分と違う」ことへの気づきを得る可能性が高まります。

　また、教育方法ですが、外部講師を招聘して全社員に対して集合研修を行ったり、市販のＤＶＤ教材を購入してメンタルヘルスの知識について学ぶことも良いでしょう。

◆メンタルヘルス相談窓口周知文書の例◆

○○部○○課
○○○○　様

　　　　　　　　　　　　　　　　　　人事部長　　○○○○

　　　　　　　メンタルヘルス相談窓口について

　標記の件につき、下記のとおり相談窓口を案内します。また、相談内容については秘密を厳守しますので、何かおかしいと思ったことがあれば、ご相談ください。

1．社内の相談窓口
　(1)　職場の上司　　　　○○○○
　(2)　メンタルヘルス推進担当者
　　　人事課：○○○○
　　　(電話：内線○○○-○○○)
　　　(メール：****@*******.jp)

2．社外の相談窓口
　(1)　○○労災病院勤労者メンタルヘルスセンター
　　　「勤労者心の電話相談」　電話：○○-○○○○-○○○○
　(2)　○○地域産業保健センター
　　　「健康相談窓口」　電話：○○-○○○○-○○○○

(2) ラインケア

管理監督者は、部下の状況を日常的に把握しています。また、個々の職場での具体的なストレス要因を把握し、その改善を図ることができる立場にあるため、以下の対応が重要です。

① 職場環境等の把握と改善

管理監督者は、労働者の労働の状況を日常的に把握し、個々の労働者に過度な長時間労働、過重な疲労、心理的負荷等が生じないように配慮します。

② 労働者からの相談対応

管理監督者は、日常的に、労働者からの自発的な相談に対応するよう努め、必要に応じて産業医や衛生管理者等の事業場内産業保健スタッフ等や、事業場外の医療機関や地域保健機関等の事業場外資源への相談や受診を促すように努めます。

③ 教育研修・情報提供

以下の内容について管理監督者へ教育研修・情報提供を行います。

◆ラインケアにおける教育研修・情報提供の内容◆

・メンタルヘルスケアに関する事業場の方針
・職場でメンタルヘルスケアを行う意義
・ストレスおよびメンタルヘルスケアに関する基礎知識
・管理監督者の役割および心の健康問題に対する正しい態度
・職場環境等の評価および改善の方法
・労働者からの相談対応（話の聴き方、情報提供および助言の方法等）
・心の健康問題により休業した者の職場復帰への支援の方法
・事業場内産業保健スタッフ等との連携およびこれを通じた事業場外資源との連携の方法
・セルフケアの方法
・事業場内の相談先および事業場外資源に関する情報
・健康情報を含む労働者の個人情報の保護等

④ ラインケアに関する対策事例

ラインによるケアで重要なことは、管理監督者が「いつもと違う部下」に早く気づくことです。

下のAとBは、「いつもと違う」ことに気づくための企業の事例です。

Aでは、社内で活用している自己申告シートを応用しています。このように既に社内で実施している制度を応用して、社員のおかしな状況を把握するツールとして活用することも有効です。

また、その他欄や自由欄を拡大することで、上司が「聴く」という姿勢を社員に理解してもらえることになります。

Bでは、日々の報告書から部下の異変に気づき、早期に異変の原因を把握している点が特徴的です。

また、状況に応じて、管理監督職が産業医のところに相談に行かせる仕組みを事業場につくっておけば、迅速な対応に結び付きます。

◆A──自己申告シートを活用した事例◆

> ある企業では、年に1回自己申告シートを社員が提出していますが、その中の項目に「ストレスが多いか」を加えました。また、「その他」欄を拡大しました。
>
> これにより社員が色々書いてくるようになり、なかには、「このままではおかしくなる」という記述も見られ、早期に社員の異常な兆候を発見することができました。

◆B──部下の報告書で気づきを得る事例◆

> ある管理監督職は、部下から報告書を毎日提出させていますが、この報告書の中の言葉遣いに変化があることに気づきました。いろいろ聞いてみると、プライベートで深刻な悩みを抱えていることがわかりました。

(3) 事業場内産業保健スタッフ等によるケア

事業場内産業保健スタッフ等は、セルフケアおよびラインによるケアが効果的に実施されるために様々な支援を行います。

この事業場内産業保健スタッフ等には、産業医、衛生管理者等が該当します。

　事業場内産業保健スタッフ等は、メンタルヘルスケアの実施に関する企画立案、個人の健康情報の取扱い、事業場外資源とのネットワークの形成やその窓口等の中心的な役割を果たします。

　このため、事業者は、事業場内産業保健スタッフ等によるケアに関して、次の措置を講じます。

① 教育研修、知識修得等の機会の提供
　以下の内容について、事業場内産業保健スタッフ等へ教育研修等を行います。

◆事業場内産業保健スタッフ等における教育研修・情報提供の内容◆

・メンタルヘルスケアに関する事業場の方針
・職場でメンタルヘルスケアを行う意義
・ストレスおよびメンタルヘルスケアに関する基礎知識
・事業場内産業保健スタッフ等の役割および心の健康問題に対する正しい態度
・職場環境等の評価および改善の方法
・労働者からの相談対応（話の聴き方、情報提供および助言の方法等）
・職場復帰および職場適応の支援、指導の方法
・事業場外資源との連携（ネットワークの形成）の方法
・教育研修の方法
・事業場外資源の紹介および利用勧奨の方法
・事業場の心の健康づくり計画および体制づくりの方法
・セルフケアの方法
・ラインによるケアの方法
・事業場内の相談先および事業場外資源に関する情報
・健康情報を含む労働者の個人情報の保護等

② 方針の明示等
　メンタルヘルスケアに関する方針を明示し、実施すべき事項を委嘱又は指示します。

③ 体制の整備
　事業場内産業保健スタッフ等が労働者の自発的相談等を受けることができる制度および体制を、それぞれの事業場内の実態に応じて整えます。

④ 推進担当者の選任
　産業医等の助言、指導等を得ながら事業場のメンタルヘルスケアの推進の実務を担当するメンタルヘルス推進担当者を、事業場内産業保健スタッフ等の中から選任します。
　ストレスチェック制度の実務担当者（ストレスチェック制度担当者）の役割を担ってもらっても良いでしょう。
　メンタルヘルス推進担当者としては、衛生管理者や常勤の保健師等から選任することが望ましいですが、事業場の実情によっては、人事労務管理スタッフから選任することも考えられます。

⑤ 専門家の活用
　一定規模以上の事業場では、事業場内または企業内に、心の健康づくり専門スタッフや保健師等を確保し、活用することが望ましいです。

⑥ 意見の尊重
　事業者は心の健康問題を有する労働者に対する就業上の配慮について、事業場内産業保健スタッフ等に意見を求め、また、これを尊重します。

⑦ 事業場内産業保健スタッフ等に関する対策事例
　事業場内産業保健スタッフ等の重要な役割は、社員の抱えるメンタルヘルス問題の解決を支援することです。

そのためには、事業場内産業保健スタッフは、一定の情報収集を適宜行い、適切に対応する能力を身につけておく必要があります。

また、事業場内産業保健スタッフの大きな役割の１つに相談対応業務があります。

下のＣとＤに示す事例は、この相談対応に関する内容です。

Ｃでは、特定の層の社員に対して、適切な相談担当者が対応している点が特徴的です。

すなわち、30歳に近くなった女性社員は女性特有の様々な悩みを抱えることもあります。

こうした女性社員の不安を少しでも解消するため、女性担当者による面談を行うというものです。

Ｄでは、社内に相談室を設けている例です。

このように、社内に相談室等の設備を設ける企業もありますが、相談室に行くことに抵抗がある社員もいるでしょう。

そのような場合、このように見学を行う機会を与えます。まずは、気軽に相談できる雰囲気をつくることが大切です。

◆Ｃ──女性のメンタルヘルス担当者◆

> ある会社では、女性のメンタルヘルス担当者が20代後半の女性社員に対して面談を実施しています。また、継続的にサポートを行い、適切に対応しています。

◆Ｄ──相談ルームの告知◆

> ある会社では、相談ルームを設けていますが、時間がある時に来て下さいという告知を行っています。見学に来た人に対して、相談室の特徴を説明したり、相談員を紹介しています。

(4) 事業場外資源によるケア

メンタルヘルスケアを行ううえでは、必要に応じて、専門的知識を有する事業場外資源のサポートを受けることがあります。

労働者は相談内容等が社内に知られることを望まない場合、事業場外資源を活用することも１つの方法です。

たとえば、事業場内産業保健スタッフ等が窓口となり、事業場外資源から必要な情報提供や助言を受ける等により対応します。

また、必要に応じて労働者を速やかに事業場外の医療機関および地域保健機関に紹介するためのネットワークを形成しておきます。

そして、事業場外資源ですが、厚生労働省では、平成26年４月から、産業保健を支援する３つの事業（地域産業保健事業、産業保健推進センター事業、メンタルヘルス対策支援事業）を一元化して、「産業保健活動総合支援事業」として、事業場の産業保健活動を総合的に支援する取組みをはじめています。

産業保健活動総合支援事業は、独立行政法人労働者健康福祉機構が実施主体となり、地域の医師会等の協力のもと事業を運営します。具体的には、下表のとおりです。必要に応じて活用しても良いでしょう。

◆産業保健活動総合支援事業のサービス内容◆

機関名	特徴	内容
産業保健総合支援センター	事業者や産業保健スタッフなどを対象に、専門的な相談への対応や研修などを行います。	○産業保健関係者からの専門的な相談への対応 ○産業保健スタッフへの研修 ○メンタルヘルス対策の普及促進のための個別訪問支援 ○管理監督者向けメンタルヘルス教育 ○事業者・労働者に対する啓発セミナー ○産業保健に関する情報提供
地域窓口（地域産業保健センター）	労働者数50人未満の事業場を対象に、相談などへの対応を行います。	○相談対応 ・メンタルヘルスを含む労働者の健康管理についての相談 ・健康診断の結果についての医師からの意見聴取 ・長時間労働者に対する面接指導 ○個別訪問指導（医師などによる職場巡視など） ○産業保健に関する情報提供

労働者健康福祉機構(本部)	産業保健活動総合支援事業の全体的な紹介等を行います。登録した相談機関の情報を産業保健関係者に提供します。	○産業保健に関する全体的な情報提供 ○メンタルヘルス相談機関などの情報の登録

　また、下表は、民間の相談機関の例を示したものです。
　原則として有料でサービスを実施していますが、一般社団法人日本産業カウンセラー協会や日本臨床心理士協会では、無料電話相談を実施することもあります。EAP（従業員支援プログラム）サービス機関では、ストレスチェック制度の外部機関としての役割を果たす場合が多く見られます。

◆メンタルヘルスに関する民間の相談機関例◆

一般社団法人日本産業カウンセラー協会	無料電話相談「働く人の悩みホットライン」を実施。企業・団体への研修、カウンセリングを実施しています。
日本臨床心理士協会	電話相談事業を実施しています。
EAPサービス機関	従業員支援プログラムに関するサービスを行う機関です。

第7章

ストレスチェック実施後の対応が大切

7-1 高ストレスの原因を確認しておく

ストレスチェックで大切なのは、不調の原因を把握して、それを解消する対策を講じることです。

意見聴取と就業上の措置だけで終わりではない！

　ストレスチェック制度における面接指導の後、医師から意見聴取を行い、就業上の措置を実施することになります。

　この就業上の措置は、通常勤務、就業制限（時間外労働の制限、就業場所の変更等）、要休業（休職等）に分けられます。

　大切なことは、高ストレス者に対して面接指導を行い、就業上の措置を行うことで対策が終わるのではなく、高ストレスの原因をきちんと確認することです。

　たしかに、意見聴取の段階で、面接指導を行った医師から、面接指導の対象者の安全や健康を確保するために、必要な情報は事業者に提供されますが、事業者への意見提出においては対象者の意向への十分な配慮が必要とされており、十分に情報が伝わるかどうかは不明確な面があります。

　こうしたことから、事業者が主体的に原因を確認することが重要です。特に、過重労働やハラスメントのようなことが職場内で生じていないか把握しておく必要があります。

メンタルヘルス不調の原因

　メンタルヘルス不調においては、家庭の事情等の業務以外の原因、アルコール依存症等の個体側の原因、過重労働のような業務上の原因である場合が挙げられます。

第7章 ✓ストレスチェック実施後の対応が大切

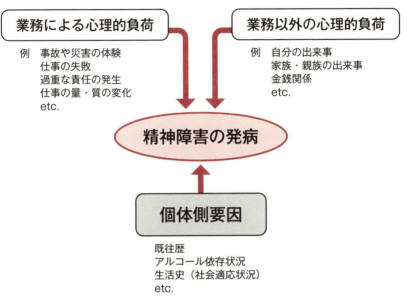

(厚生労働省 「精神障害の労災認定」より作成)

原因の確認は、とても重要

　過重労働やハラスメントが原因でメンタルヘルス不調になったにもかかわらず、会社が何も考慮せず、そのまま私傷病として取り扱い、欠勤・休職で対応したとします。その場合は、次のようなリスクが生じます。
　繰り返しになりますが、原因の確認は重要です。

◆原因を確認しないことから生じるリスク◆

〈別のメンタルヘルス不調者が生じるリスク〉
　過重労働やハラスメントの発生状況を確認していないため、再び同様の事態が発生し、職場の他の社員がメンタルヘルス不調になるリスクが生じます。
〈職場復帰後に再発するリスク〉
　メンタルヘルス不調で休職していた社員の職場復帰は、これまで勤務していた職場復帰が原則ですが、過重労働やハラスメントが発生している職場に戻れば、病気が再発するリスクが生じます。

7-2 安全配慮義務について責任追及されるリスクがある

過重労働やハラスメントによるメンタルヘルス不調者の発生は大きなリスクであり、注意する必要があります。

安全配慮義務違反とは

　労働契約法第5条では、「使用者は、労働契約に伴い、労働者がその生命、身体等の安全を確保しつつ労働することができるよう、必要な配慮をするものとする。」と規定しています。
　「生命、身体等の安全」には、心身の健康も含まれますので、メンタルヘルスも関わってきます。
　そして、この安全配慮義務に違反しますと、多額の損害賠償責任を追及されるリスクが生じます。

ストレスチェックと安全配慮義務

　たとえば、労働者がストレスチェック結果の提供に同意せず、面接指導の申出もしない場合は、企業側はストレスチェック制度により、労働者のストレスの状態やメンタルヘルス上の問題を把握することができません。
　また、ストレスチェックは労働者に受検が義務づけられていないため、ストレスチェックを受検しなかった労働者のストレスの状態やメンタルヘルス上の問題を発見することもできません。
　このため、就業上の配慮を行えず、その結果、労働者がメンタルヘルス不調を発症する場合も考えられます。
　そして、この安全配慮義務違反は、あくまでも民事上の問題ですので、ストレスチェックを受検しなかった労働者がメンタル不調に陥ったとしても、事業者が安全配慮義務違反を免れるわけではありません。
　すなわち、ストレスチェックの結果が把握できないからといって、メンタルヘルスに関する企業の安全配慮義務が一切なくなることはな

いのです。

したがって、ストレスチェック制度の実施とともに、適切な安全配慮義務対策がとても重要になります。

過重労働とハラスメントに要注意

労働者の安全配慮義務に関しては、特に過重労働とハラスメントが注目されます。

過重労働やハラスメントが原因で、メンタルヘルス不調になることが多いからです。そして、最悪の場合は、メンタルヘルス不調により、自殺をしてしまうことがあります。

このため、民事上の損害賠償請求がなされるリスクがあり、インターネットが発達した今日では、こうした事態が発生すると、ブラック企業として厳しく糾弾され、企業イメージの失墜につながります。

そこで、次項から過重労働とハラスメント対策について解説します。

◆過重労働・ハラスメントのリスク◆

過重労働、ハラスメント
↓
メンタルヘルス不調
↓
自　殺
↓
民事上の損害賠償、企業イメージの失墜

7-3 過重労働について確認する

過重労働対策では労働時間の適切な把握が重要であり、実際の労働時間と記録上の労働時間に違いがないかを確認します。

国の過重労働対策は強化されている

　平成26年11月1日に過労死等防止対策推進法が施行され、過労死対策が強化されています。
　この過労死等には、業務における強い心理的負荷による精神障害を原因とする自殺も含まれます。
　そして、過重労働撲滅対策班（通称「かとく」）が平成27年4月に東京と大阪の労働局に設けられ、書類送検するケースが出てきました。
　過重労働については、今後、ますます厳しくチェックされることでしょう。

精神障害の労災認定基準を知っておく

　精神障害の労災認定については、平成23年12月に新たに認定基準が定められました。
　長時間労働がある場合の評価方法は、次ページ下図のとおりです。
　時間外労働時間数が1か月に100時間以上になると労災認定される可能性が高くなり、それがさらに長時間化し、特に1か月に160時間を超える場合は労災認定につながります。
　したがって、まずは月100時間以上の時間外労働を防止することが重要です。もちろん、心理的負荷が「中」とされている、月80時間以上の時間外労働を発生させない。もっといえば、過重労働のリスクが生じる月45時間以上に時間外労働をさせないことが望ましいと考えます。

◆過重労働による健康障害のリスク◆

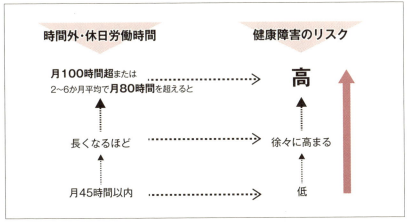

（厚生労働省 「過重労働による健康障害を防ぐために」より）

◆精神障害の労災認定基準――長時間労働◆

長時間労働がある場合の評価方法

　長時間労働に従事することも精神障害発病の原因となり得ることから、長時間労働を次の3通りの視点から評価します。

①「特別な出来事」としての「極度の長時間労働」

発病直前の極めて長い労働時間を評価します。
【「強」になる例】
- 発病直前の1か月におおむね160時間以上の時間外労働を行った場合
- 発病直前の3週間におおむね120時間以上の時間外労働を行った場合

②「出来事」としての長時間労働

発病前の1か月から3か月間の長時間労働を出来事として評価します。
【「強」になる例】
- 発病直前の2か月間連続して1月当たりおおむね120時間以上の時間外労働を行った場合
- 発病直前の3か月間連続して1月当たりおおむね100時間以上の時間外労働を行った場合

③他の出来事と関連した長時間労働

　出来事が発生した前や後に恒常的な長時間労働（月100時間程度の時間外労働）があった場合、心理的負荷の強度を修正する要素として評価します。
【「強」になる例】
- 転勤して新たな業務に従事し、その後月100時間程度の時間外労働を行った場合

上記の時間外労働時間数は目安であり、この基準に至らない場合でも、心理的負荷を「強」と判断することがあります。

※ここでの「時間外労働」は、週40時間を超える労働時間をいいます。

（厚生労働省　「精神障害の労災認定」より作成）

現状の確認1──記録上の労働時間を確認する

　まずは、社内の時間外労働時間数、休日労働時間数を確認しましょう。その際は、月別、部署別、個人別での確認が有効です。
　月別で繁閑の差が見られるようであれば、平準化を図るための工夫、それが難しければ変形労働時間制の導入を検討します。
　部署別では、時間外労働時間数等が多いことが明確になった部署に対しては、改善を促します。
　そして、最後に個人別です。前述の労災認定基準等を考慮し、月45時間、月80時間、月100時間を超えていないか等をチェックします。
　該当する社員がいたら、業務配分の見直し、残業の事前申請の徹底による不要な残業の削減を図ること等で改善を促していきます。

◆ 月別　時間外・休日平均労働時間数 ◆

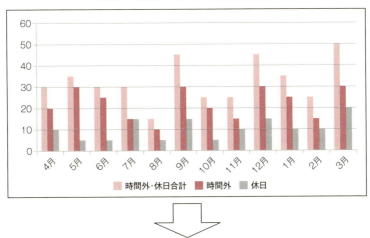

月別で繁閑の差が見られるようであれば、業務改善により平準化を図ります。必要に応じて、1年単位の変形労働時間制の導入を検討します。

◆ 部署別　時間外・休日平均労働時間数 ◆

どの部署が時間外・休日労働が多いかを把握し、問題がある部署には改善を促します。ストレスチェック制度の集団分析と連動して集計しても良いでしょう。たとえば、集団分析によるストレス判定図において、仕事の量的負担と仕事のコントロールから読み取った健康リスクがとても高く、長時間労働となっているのであれば、早期に職場改善が必要な状況であると考えられます。

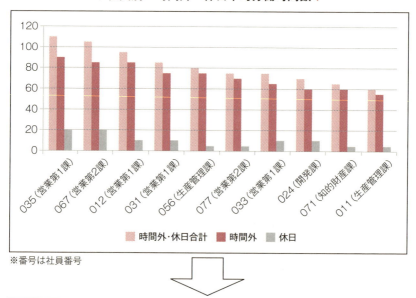

※番号は社員番号

　どの社員の時間外・休日労働時間数が多いかを把握します。今回のケースでは、社員番号035と067が平均で100時間を超えており、かなりリスクが高い状況です。さらに各月の時間外・休日労働時間数も調査し、早急に改善を図る必要があります。
　このケースでは平均を算出していますが、過労リスクが高まりはじめる45時間を基準とし、45時間以上時間外・休日労働をしている社員を毎月チェックし、状況を確認することも良いでしょう。
　いずれにしても、業務が特定の社員に集中することがないように、時間外・休日労働時間数が多い社員の業務内容を確認するとともに、必要に応じて業務配分の見直し、業務改善を促すことが重要です。

現状の確認2 ── 実際の労働時間を確認する

　先ほど、社内で記録されている労働時間数を確認しましたが、それだけでは不十分です。次に、実際の労働時間と記録上の労働時間の差異を確認する必要があります。
　少子化が進むなか、労働力人口の減少が懸念されている状況下においては、人材の確保・定着が企業の重要な課題となっている一方で、

人材不足で悩んでいる企業も多く見受けられます。

このようなとき、早く帰宅することを社員に促しても、遂行すべき業務が多く残っており、対応に困る社員がいる場合もあります。

そのため、タイムカードに打刻した後にそのまま残業していたり、家に持ち帰って仕事をする社員がいても不思議ではありません。

こうした行為は、賃金不払い残業につながりますが、過労による健康障害という観点でも問題になります。

特に注意すべきは、経営者や人事部が記録上の労働時間数を見て、問題ないと認識しているリスクがあることです。何も注意喚起せずにいれば、気がついたときは、大きなトラブルが生じているかもしれません。

したがって、職場の管理者であれば、部下の仕事の状況を日頃観察しているわけですから、トラブルの原因となる残業の有無に気付いている可能性が高いです。職場の管理者に、こうしたことが生じていないかどうかについて、ヒアリングして確認してみると良いでしょう。

◆**実際の労働時間の確認の必要性と確認方法**◆

実際の労働時間数と記録上の労働時間数の乖離の確認
○タイムカード打刻後の残業の有無
○持ち帰り残業の発生

職場の管理者にヒアリングして、こうした問題の発生の有無を確認します。

7-4 ハラスメントについて確認する

実態をアンケートで把握したうえで、ハラスメント対策研修、相談窓口での相談対応を行い、防止に努めます。

パワハラの現状

　厚生労働省が発表した「平成26年度個別労働紛争解決制度施行状況」によると、最近は、若干件数が減少傾向にありますが、総合労働相談件数は100万件以上で推移しており、民事上の個別労働紛争相談件数も約24万件と高止まっています。

　そして、最近の3年については、次ページの上表に示すように「いじめ・嫌がらせ」に関する内容が著しく増加傾向にあり、現在は最も相談件数が多くなっています。

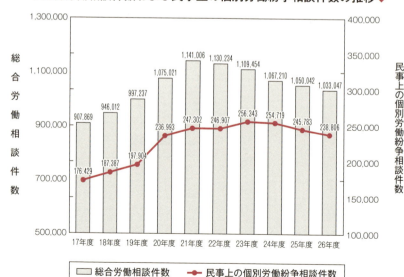

◆総合労働相談件数および民事上の個別労働紛争相談件数の推移◆

（厚生労働省「平成26年度個別労働紛争解決制度の施行状況」より）

◆民事上の個別労働紛争に係る相談件数◆

	24年度	25年度	26年度
いじめ・嫌がらせ	51,670	59,197	62,191
	(+12.5%)	(+14.6%)	(+5.1%)
解雇	51,515	43,956	38,966
	(−10.9%)	(−14.7%)	(−11.4%)
自己都合退職	29,763	33,049	34,626
	(+14.6%)	(+11.0%)	(+4.8%)
労働条件の引下げ	33,955	30,067	28,015
	(−7.9%)	(−11.5%)	(−6.8%)

※（ ）内は対前年度比
(厚生労働省 「平成26年度個別労働紛争解決制度の施行状況」より)

セクハラの現状

都道府県労働局雇用均等室では、下表に示すとおり、毎年セクハラに関する相談が最も多い状況です。

◆都道府県労働局雇用均等室での相談内容の内訳の推移◆

相談内容の内訳の推移（労働者、事業主、その他からの相談合計）　（件）

	24年度	25年度	26年度
第5条関係（募集・採用）	1,088　(5.3%)	1,119　(5.2%)	1,165　(4.7%)
第6条関係（配置・昇進・降格・教育訓練等）	475　(2.3%)	566　(2.6%)	562　(2.3%)
第7条関係（間接差別）	47　(0.2%)	314　(1.5%)	479　(1.9%)
第9条関係（婚姻・妊娠・出産等を理由とする不利益取扱い）	3,186　(15.4%)	3,663　(17.1%)	4,028　(16.2%)
第11条関係（セクシュアルハラスメント）	9,981　(48.3%)	9,230　(43.1%)	11,289　(45.4%)
第12条、13条関係(母性健康管理)	2,950　(14.3%)	3,416　(15.9%)	3,468　(13.9%)
第14条関係（ポジティブ・アクション）	403　(1.9%)	579　(2.7%)	878　(3.5%)
その他	2,547　(12.3%)	2,531　(11.8%)	3,024　(12.1%)
合計	20,677(100.0%)	21,418(100.0%)	24,893(100.0%)

(厚生労働省 「平成26年度　都道府県労働局雇用均等室での法施行状況の公表」より)

精神障害の労災認定基準

　精神障害の労災認定基準では、発病前おおむね6か月の間に起こった出来事について評価することになります。

　ただし、いじめやセクシュアルハラスメントのように、出来事が繰り返されるものについては、発病の6か月よりも前にそれが始まり発病まで継続していたとき　それが始まった時点からの心理的負荷を評価されることになります。

　「（ひどい）嫌がらせ、いじめ、又は暴行を受けた」および「セクシュアルハラスメントを受けた」の心理的負荷評価表は次ページ図のとおりです。特に、心理的負荷の強度を「弱」「中」「強」と判断する具体例における「強」に該当しないようにする必要があります。

ハラスメントの現状確認

　ハラスメントが職場内で発生しているか否かは、アンケートによる実態把握調査が有効です。アンケートでは、回収率を上げるために、原則として匿名方式とします。

　146、147ページに示すのは、パワハラに関する対策に取り組むための実態把握のための質問項目例です。事前調査と事後調査を示します。

　アンケートのひな形は、厚生労働省のサイト「あかるい職場応援団」のダウンロードコーナー「参考資料2　アンケート実施マニュアル」に掲載されていますので、参考にされると良いでしょう。

現状確認後の対応

　現状確認後、問題があれば、たとえば、次の対策を講じます。

(1) ハラスメント対策研修
　ハラスメント対策研修を社内で実施し、ハラスメント防止の重要性について社員に理解してもらいます。

◆心理的負荷の強度◆

具体的出来事	心理的負荷の総合評価の視点	心理的負荷の強度を「弱」「中」「強」と判断する具体例		
		弱	中	強
（ひどい）嫌がらせ、いじめ、又は暴行を受けた	・嫌がらせ、いじめ、暴行の内容、程度等 ・その継続する状況 （注）上司から業務指導の範囲内の叱責等を受けた場合、上司と業務をめぐる方針等において対立が生じた場合等は、項目30等で評価する。	【解説】 部下に対する上司の言動が業務指導の範囲を逸脱し、又は同僚等による多人数が結託しての言動が、それぞれ右の程度に至らない場合について、その内容、程度、経過と業務指導により「弱」又は「中」と評価 【『弱』になる例】 ・複数の同僚等の発言により不快感を覚えた（客観的には嫌がらせ、いじめとはいえないものも含む）	【『中』になる例】 ・上司の叱責の過程で業務指導の範囲を逸脱した発言があったが、これが継続していない ・同僚等が結託して嫌がらせを行ったが、これが継続していない	○ひどい嫌がらせ、いじめ、又は暴行を受けた 【『強』である例】 ・部下に対する上司の言動が、業務指導の範囲を逸脱しており、その中に人格や人間性を否定するような言動が含まれ、かつ、これが執拗に行われた ・同僚等による多人数が結託しての人格や人間性を否定するような言動が執拗に行われた ・治療を要する程度の暴行を受けた
セクシュアルハラスメントを受けた	・セクシュアルハラスメントの内容、程度等 ・その継続する状況 ・会社の対応の有無及び内容、改善の状況、職場の人間関係等	【『弱』になる例】 ・「○○ちゃん」等のセクシュアルハラスメントに当たる発言をされた場合 ・職場内に水着姿の女性のポスター等を掲示された場合	○セクシュアルハラスメントを受けた 【『中』である例】 ・胸や腰等への身体接触を含むセクシュアルハラスメントであっても、行為が継続しておらず、会社も適切かつ迅速に対応し発病前に解決した場合 ・身体接触のない性的な発言のみのセクシュアルハラスメントであって、発言が継続していない場合 ・身体接触のない性的な発言のみのセクシュアルハラスメントであって、複数回行われたものの、会社が適切かつ迅速に対応し発病前にそれが終了した場合	【『強』になる例】 ・胸や腰等への身体接触を含むセクシュアルハラスメントであって、継続して行われた場合 ・胸や腰等への身体接触を含むセクシュアルハラスメントであって、行為は継続していないが、会社に相談しても適切な対応がなく、改善されなかった又は会社への相談等の後に職場の人間関係が悪化した場合 ・身体接触のない性的な発言のみのセクシュアルハラスメントであって、発言の中に人格を否定するようなものを含み、かつ継続してなされた場合 ・身体接触のない性的な発言のみのセクシュアルハラスメントであって、性的な発言が継続してなされ、かつ会社がセクシュアルハラスメントがあると把握していても適切な対応がなく、改善がなされなかった場合

（厚生労働省 「精神障害の労災認定」より作成）

（2）相談体制の整備

　ハラスメント行為が繰り返されて、メンタルヘルス不調の社員が発生しないように、相談窓口を整備して、適切に相談対応する必要があります。こうした対策を通じて、ハラスメントが原因でメンタルヘルス不調になる社員の発生防止に努めます。

◆取組実施前の実態把握のための質問項目（事前調査）◆

回答者の属性に関する質問（回答者名を記載しない）
Q1. 勤続年数
Q2-1. 役職
Q2-2. 管理している従業員数
職場の人間関係に関する質問
Q3. 職場の人間関係の評価
パワーハラスメントに関する経験
Q4. 過去3年間にパワーハラスメントを受けたと感じた経験
Q5. パワーハラスメントのタイプ（6類型）
Q6. パワーハラスメントの具体的な内容
Q7. 行為者とあなたの関係
Q8. パワーハラスメントを受けた後の行動
Q9. 過去3年間にパワーハラスメントを見たり、相談を受けた経験
Q10. 見たり相談を受けたパワーハラスメントのタイプ（6類型）
Q11. 見たり相談を受けたパワーハラスメントの具体的な内容
Q12. 見たり相談を受けたパワーハラスメントの行為者と被行為者の関係
Q13. パワーハラスメントを見たり、相談を受けた後の行動
Q14. 過去3年間にパワーハラスメントをしたと感じた経験
管理職の意識、行動
Q15. 過去3年間に部下にしたことのある行為
Q16. パワーハラスメントに関して普段から気を付けていること
会社のパワーハラスメントに対する取組 ※Q17-Q19-2は企業の取組状況に応じて適宜修正
Q17. 会社のパワーハラスメントへの取組状況（個別評価） ・パワーハラスメントをしてはいけない行為とし、働きやすい職場環境づくりに努めているか ・パワーハラスメントに関する相談先を知っているか ・パワーハラスメントに関して、安心して相談できる状況になっているか ・パワーハラスメントに関する相談を受けた後、相談窓口はパワーハラスメントの有無についての調査を行っているか ・パワーハラスメント行為を確認した際に、加害者に対し適正に対処していると思うか ・パワーハラスメント行為を確認した際に、被害者に対し適正に対処していると思うか ・経営者・管理職は、パワーハラスメントに該当する行為をしないよう意識しているか ・同僚は、パワーハラスメントに対する理解、認識がしっかりしているか
Q18. 会社のパワーハラスメントへの取組状況（全体評価）
Q19-1. 会社のパワーハラスメント対策の各種取組に対する認知
Q19-2. パワーハラスメント対策の取組の効果
Q20. 会社がパワーハラスメント対策に取り組むことの必要性
Q21. Q20の回答理由
Q22. 会社が実施した方がよいと思うパワーハラスメント対策の取組
Q23. 会社への要望

（厚生労働省「あかるい職場応援団」のダウンロードコーナーにある「パワーハラスメント対策導入マニュアル」より）

◆取組実施前の実態把握のための質問項目（事後調査）◆

回答者の属性に関する質問（回答者名を記載しない）	
Q1.	勤続年数
Q2.	役職
Q3.	管理している従業員数
Q4.	過去3年間にパワーハラスメントを受けたり、見たり、相談を受けた経験
会社のパワーハラスメントに対する取組の評価　※Q5-Q14、Q17-Q19は企業の取組状況に応じて適宜修正	
Q5.	会社のパワーハラスメント対策の各種取組に対する認知
Q6.	トップメッセージを読んだか
Q7.	パワーハラスメントに関するルールに対する評価
Q8.	パワーハラスメントに関する実態調査（事前）への回答状況
Q9.	パワーハラスメントに関する研修への参加状況
Q10.	パワーハラスメントに関する研修の評価
Q11.	パワーハラスメント防止・予防に関するポスターなどを見たか
Q12.	パワーハラスメントに関する相談窓口の認知と利用状況
Q13.	パワーハラスメントの予防・解決のために実施している各種取組の効果
Q14.	パワーハラスメントの予防・解決のために実施している取組の中で最も役に立つと思う取組
Q15.	会社のパワーハラスメントへの取組状況（全体評価）
Q16.	会社がパワーハラスメントの予防・解決の取組を続けることに対する評価
Q17.	会社のパワーハラスメント対策の取組の中で、特に見直した方がよい取組
Q18.	Q17で挙げた取組の改善すべき点
Q19.	パワーハラスメントの予防・解決のために、会社が継続的に取り組んだ方がよい取組
Q23.	今後新たに実施した方がよいと思う取組
会社のパワーハラスメントに対する取組を進めたことによる職場等の変化	
Q20.	会社がパワーハラスメントの予防・解決の取組を進めたことで、自分自身や職場に変化が出てきたと感じるか
Q21.	会社がパワーハラスメントの予防・解決の取組を進めたことで、自分自身が気を付けるようになったり、気にするようになったりしたことはあるか
Q22.	会社がパワーハラスメントの予防・解決の取組を進めたことによる、上司の変化

（厚生労働省　「あかるい職場応援団」のダウンロードコーナーにある「パワーハラスメント対策導入マニュアル」より）

7-5 私傷病休職に備える

ストレスチェック後に要休業とされた場合に円滑な対応をするため、私傷病休職制度を整備しておく必要があります。

ストレスチェック制度実施後の休職に備える

ストレスチェック制度において、面接指導対象者に面接指導を実施後、医師の意見に基づき、要休業すなわち休職で対応せざるを得ない場合も考えられます。

このため、休職で対応する場合に備えて、就業規則上に私傷病休職の規定を整備しておく必要があります。

私傷病休職とは

まず、労働基準法に私傷病休職制度についての規定はありません。そのため、私傷病にかかった場合の取扱いは、就業規則の定めに従うことになります。

また、この私傷病休職制度は、「解雇猶予措置」といわれるもので、社員との労働契約関係を維持しつつ、労働を免除し、病気・ケガの回復を待つことで、社員を退職・解雇から保護する制度です。

したがって、休職期間中に回復し就労可能となれば復職、回復せずに期間満了となれば、退職または解雇となります。

そして、私傷病休職期間中は賃金、退職金等に不利益を及ぼす規定にしている場合も多く見られることがありますので、休職として取り扱う場合、慎重な対応が必要になります。

たとえば、会社と社員間で、休職の要否について争いがある状況で、会社が社員に対し、医師の診断もなく、不適切に休職命令を発し、賃金不支給の措置をとった場合、休職命令が違法となり無効とされることもあります。

このような点で、休職や復職に関し、トラブルが発生しやすいので、

私傷病休職に関する問題点を踏まえ就業規則等に適切な規定をおくことにより、トラブルの未然防止に努めることが必要になります。

休職・復職に関する規定例

以上の留意点に基づいて、休職および復職に関する規定例を以下に記載します。

◆休職・復職に関する規定例◆

（休職）
第○条　従業員が次の各号の一に該当した場合は休職とする。
1．業務外の傷病により欠勤し、その最初に欠勤した日から2か月以内に欠勤の合計回数が20日を超えたとき
2．業務外の傷病により通常の労務提供ができずまたその回復に一定の期間を要する場合（以下、1号及び2号を併せて私傷病休職ともいう）
3．○条の規定により出向した場合
4．地方公共団体の議員等の公職につき、労務の正常な提供が行えない場合
5．前各号のほか、特別の事情があって会社が休職させることを必要と認めた場合

2　前項第1号及び2号の私傷病休職の要否・期間等の確認のため、主治医の診断書に加えて、会社が、必要に応じて、従業員の主治医に対する事情聴取、または主治医の保有する医療情報の開示を求めた場合は、従業員はこれに応じなければならない。

3　会社は、前項の確認のため、必要に応じて、従業員に対し、会社の指定する医師による健康診断、検診、または精密検査等の受診を命じることができ、従業員は合理的な理由なくこれを拒んではならない。

4　第2項、第3項の目的を遂行するため、従業員は会社に対して、主治医宛の医療情報開示同意書を提出するものとする。

（休職期間）
第○条　前条による休職の期間は、原則として次の各号のとおりとする。
1．前条第1項第1号及び第2号による場合

勤務年数3か月以上1年未満　　3か月
勤務年数1年以上3年未満　　　6か月
勤務年数3年以上　　　　　　　1年
　2．前条第1項第3号の場合
　　出向している期間
　3．前条第1項第4号乃至第5号の場合
　　その必要な範囲で会社の認める期間
2　休職期間中の賃金の取扱いについては、原則として無給とする。
3　私傷病休職期間の算定に際しては、当該休職時点までに同休職が付与されたことのある社員については、休職期間満了前に復職し、復職の日から1年以内に原因が同一または類似の傷病で休職する場合は、同休職期間から従前付された同休職期間を控除した残存期間をもって同休職期間の上限とする。
4　休職者は、会社の求めに応じ、必要な書類を添付して会社に近況を報告しなければならない。

（復職）
第○条　休職の事由が消滅したときは、旧職務に復職させることとする。ただし、やむを得ない事情のある場合には、旧職務と異なる職務に配置することがある。
　2　第○条第1項第1号及び2号の私傷病休職の復職の可否、復職時の軽減措置等の要否・内容の確認のため、主治医の診断書に加えて、会社が、必要に応じて、従業員の主治医に対する事情聴取、または主治医の保有する医療情報の開示を求めた場合は、従業員はこれに応じなければならない。
　3　会社は、前項の確認のため、必要に応じて、従業員に対し、会社の指定する医師による健康診断、検診、または精密検査等の受診を命じることができ、従業員は合理的な理由なくこれを拒んではならない。
　4　第2項、第3項の目的を遂行するため、従業員は会社に対して、主治医宛の医療情報開示同意書を提出するものとする。
　5　第1項の復職後の職務内容、労働条件その他の待遇等に関しては、休職の直前のときを基準として定める。ただし、復職時に休職前と同程度の質・量・密度の業務に復せず、業務の軽減・時間短縮・責任の軽減等の措置を取る場合には、その状況に応じた、降格・給与の減額等の調整をなすことがある。

専門医の受診義務に関する規定例

　職場内に、見るからにメンタルヘルス不調の疑いがある社員がいて、こうした社員に専門医の受診を促しても拒否されることがあります。

　そのような場合に備えて、たとえば、以下の規定例に示すような就業規則の規定（下線部を参照）に基づき、健康診断の受診義務を明確にしておきます。

　そのうえで、「会社は安全配慮義務があり、社員の生命、身体について安全を確保することが求められています。会社はこうした法的義務を履行する必要があります。会社への協力として、専門医の診断を受けてもらえませんか」等と説得し、専門医の受診を促します。

◆健康診断の受診義務に関する規定例◆

（健康診断）
第○条　（略）
2　前項に定める場合の他、従業員の健康状態に応じ、従業員は、会社が指定する医師により行われる健康診断を随時受診しなければならない。

第8章

職場での
コミュニケーションの
円滑化を図る

8-1 社員のやる気を引き出す

メンタルヘルス不調を防止するためには、社員のモチベーションを向上させることが大切です。

労働条件以外の要素も重要

　前章まで、メンタルヘルス対策で重要な過重労働、ハラスメントのリスクについて説明してきました。

　「こうしたリスクを防ぐには、会社と社員の間に良好な関係が構築できていることが大切です」と話すと、「わが社は、社員にきちんと給料を支払っているので関係は良好だ」など、気にも留めない人が結構います。

　中小企業の経営者ほど、この傾向は強いです。中小企業の経営者、特に創業者は資金繰りで苦労された人が多く、お金の大切さが身に染みているからだと感じています。

　しかし、社員のやる気は、給料等の労働条件の良さだけで引き出せるものではありません。

　適切な評価と処遇に加えて、達成感、自己の成長の可能性、会社から必要とされている実感等を社員に抱かせる必要があります。

　たとえば、昇給通知を渡すとき、「とてもよく頑張ってくれてありがとう。○○さんの仕事ぶりが評価され、昇給が決定しました。今後も、よろしくお願いします」と伝えることも、社員のやる気につながることでしょう。

　配慮ある言葉がけでコミュニケーションをとることにより、社員の会社への帰属意識や貢献意欲を高め、会社業績の向上に結び付けていくことが理想的です。

　こうした対応が自然にできるようになるために、次項の「良好な職場環境の形成の4原則」を日々実践することが効果的です。

8-2 良好な職場環境を形成する4原則

職場内のコミュニケーションでは、①名前を覚える、名前を呼ぶ、②きちんとあいさつする、③ほめる、④感謝する、が大切です。

良好な職場環境を形成するための4原則

社員との円滑なコミュニケーションを図る方法ですが、次の4つが、社内で当たり前のように行われていることが大切です。

◆押えておきたい「4原則」◆

1．名前を覚える、名前を呼ぶ
2．きちんとあいさつする
3．ほめる
4．感謝する

名前を覚える、名前を呼ぶ

ときどき人事担当者等から、以下のような話を聞くことがあります。

○入れ替わりが頻繁なアルバイトの名前を覚えることはできない。
○掃除にくる外部の人まで名前を覚えなくても良いのではないか。

このように、「アルバイトだから」「外部の人だから」という理由で、名前を覚えないことを正当化していますが、これではいけません。
　自己啓発書で著名なデール・カーネギーは、著書『人を動かす』（創元社、山口博訳）で、名前を覚えることの大切さについて、次のように述べています。

　名前は、当人にとって、もっとも快い、もっともたいせつなひびきを持つことばであることを忘れない。

名前を呼ばれると、自分が認められたと感じる効果があり、呼んでくれた人に親近感を抱きます。したがって、どのような立場の人であっても名前を呼ぶことは大切です。

きちんとあいさつする

　「あいさつをしても、しなくても、用件さえ伝われば問題ない」と思っていないでしょうか。

　たしかに、あいさつがなくても、たとえば、「ストレスチェックをしてください」と言って、相手が「わかりました」と答えれば、交渉は成立します。しかし、あいさつで人間関係がうまくいくこともあれば、いかない場合もあります。

　したがって、「素敵なあいさつをされた」と相手が受け取れば、「いい気持ちをもらうことができた」と感じます。

　ビジネスの世界でも、同様です。もし、いいかげんなあいさつをすれば、人格や仕事の能力が疑われ、仕事に悪影響を及ぼすこともあるでしょう。きちんとあいさつができる人は、信頼できる人と評価されます。

◆あいさつの例◆

ほめる

誰でも人にほめられると嬉しいものです。

ほめられることで、ドーパミンという脳内物質が分泌されるといわれています。この物質は精神を安定させ、気分を高める効能があります。その結果、ほめられると快感が得られます。

また、ドーパミンは人が行動を起こすための活力になります。したがって、たとえば、部下をほめることで、部下は自ら考えて次の行動をとることが期待できます。

このようにほめることは有効ですが、面と向かってほめるのは難しいものです。そこで、面と向かわずにほめる方法を2つ、紹介します。

(1) 第三者を介してほめる

第三者を介してほめるとは、「発信者」「中継者」「受信者」の関係です。具体例は、次のとおりです。

以上のとおり、A部長がCさんのことをほめていたことを、CさんがB主任から聞くことになります。このとき、Cさんは、「A部長が自分の仕事ぶりを評価してくれている」ことがわかり、とても嬉しくなります。また、第三者のB主任から聞いているので、お世辞ではな

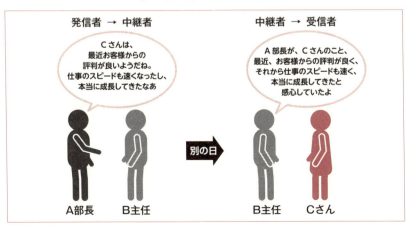

◆第三者を介してほめる例◆

く、内容に信憑性があると感じます。

(2) メールでほめる

　以下に示すのは、営業先での商談に対して結果を出せた場合のメール文例です。

◆メールでほめる例◆

> 伊藤さん
>
> お疲れ様です。大田です。
> ○○株式会社の件、報告読みました。正式受注おめでとう。
> 先方への提案書や活動日報を見るにつけ、伊藤さんは全力で頑張っていると感じました。しっかりした仕事ぶりに感心しています。
> これからも頼りにしています。

　面と向かってほめることは難しいですが、メールでは、比較的ほめやすいのではないでしょうか。このように具体的にほめられると嬉しいものです。また、ほめられたメールは残っていますので、後で読み返すと気分がいいものです。

感謝する

　自分の持っている幸せに気づく方法の1つに、感謝することがあります。

　感謝することは、その存在をありがたいと思い、それがあるお蔭で自分が助けられていると思うことです。

　「感謝」は自分自身が持っている幸せを引き出してくれます。「ありがたい」と心から思うことで幸せな気分になります。

　そして、感謝を伝える代表的な言葉は「ありがとう」です。

　この「ありがとう」という言葉が社内で当たり前のように飛び交っていれば、職場環境が良好になります。なぜならば、日本人は「ありがとう」といわれることが、大好きだからです。

(1) 大切な言葉「ありがとう」

たとえば、住友生命が、2010年に「あなたを笑顔にしてくれる言葉はなんですか？」というアンケートを実施しました。第1位「ありがとう」(48.4%)、第2位「大好き」(9％)、第3位「愛している」(2.5％) でした。ありがとうが、圧倒的に高い結果が出ています。

「ありがとう」が社内で飛び交えば、社内での人間関係はよくなることは明白です。

(2) 感謝のメッセージの例

以下に示すのは、上司が部下に感謝のメッセージを伝えるときの例です。積極的に、部下に感謝の言葉を伝えていくように心掛けましょう。

◆感謝のメッセージの例◆

「○○の件、ありがとう」	大野課長：「前田さん」 前田さん：「何でしょうか」 大野課長：「先日のA会社の資料の件、ありがとう。おかげで、打ち合わせが、とてもスムーズにできたよ」
「○○さんのおかげだよ」	大野課長：「今回のプレゼンがうまくいったのは、前田さんの日頃の頑張りのおかげだよ」

〈まとめ〉

　ストレスチェック制度による一次予防（メンタルヘルス不調となることを未然に防止すること）を強化するためには、本書の後半で説明した「4つのケアの推進（第6章）」、「過重労働・ハラスメント対策（第7章3項、4項）」、「職場内コミュニケーションの円滑化（第8章）」を併せて進めることが大切になります。

　ストレスチェック制度を実施したときに、これらの対策を進めることで、職場が原因の高ストレス者を削減し、最終的にはゼロにすることが期待できす。

　ただ、メンタルヘルス不調の原因は、業務外の原因（家庭の事情等）や個体側の要因（アルコール依存症等）もありますので、その場合は、会社側の対応だけでは、高ストレス者の発生を防ぐことはたしかに難しい面があります。

　こうした場合は、面接指導の結果に基づき医師の意見を参考にして就業上の措置をすることになりますが、要休業となれば、就業規則に従い、私傷病休職の対応（第7章5項）を図ることになります。

　そして、職場に何らかの問題がある場合は、その原因を確認して適切な対策を講じることで、再発の防止を図ります。

　ストレスチェック制度は、法的に義務づけられたものではありますが、「義務だから実施する」という消極的な姿勢ではなく、ストレスチェック制度を通じて、社内のメンタルヘルス不調者の発生を抑制し、働きやすい職場環境の実現を図るための重要な手段であるという積極的な姿勢で取り組むと良いでしょう。

◆ストレスチェック制度を活用した積極的メンタルヘルス対策◆

高ストレス者を発生させないためのしくみ

〈4つのケアの推進〉 ※特にセルフケアが重要	〈過重労働・ハラスメント対策〉	〈職場内でのコミュニケーションの円滑化〉

〈ストレスチェック〉

上記「高ストレス者を発生させないためのしくみ」により、職場が原因の高ストレス者の発生の抑制を図ります。最終的には、発生者ゼロを目指します。

〈メンタルヘルス不調社員への対応〉

面接指導により、就業上の措置が必要な社員については、医師の意見に基づき、原因を確認のうえ、労働時間の短縮、出張の制限、時間外労働の制限、労働負荷の制限、作業の転換、就業場所の変更等を行います。

要休業と判断された場合は、同様に原因を確認のうえ、原則として会社の就業規則に基づき、休職することになります。

〈対策〉

メンタルヘルス不調の社員の発生について、確認した原因をもとに「高ストレス者を発生させないためのしくみ」を強化し、再発の防止を図ります。

索 引

数字

4つのケア ……………………………… 120

あ

安全配慮義務違反 …………………… 134
安全委員会 ……………………………… 14
一次予防 ………………………………… 10
衛生委員会 ……………………………… 14
衛生委員会等での調査審議事項 …… 29
衛生管理者 ……………………………… 13
衛生管理者の主な職務 ………………… 14
オプトアウト方式による同意取得 … 96

か

海外の長期勤務者の取扱い ………… 25
解雇猶予措置 ………………………… 148
過重労働撲滅対策班 ………………… 136
休職中の労働者の取扱い …………… 24
共同実施者 ……………………………… 16
高ストレス者 …………………………… 56
高ストレス者の選定基準 …………… 56
高ストレス者の選定方法 …………… 58

さ

在籍出向労働者の取扱い …………… 25
産業医 …………………………… 12, 102
産業医の主な職務 …………………… 12
産業保健活動総合支援事業 ………… 129
産業保健スタッフ ……………………… 41
三次予防 ………………………………… 10

事業者 …………………………………… 12
事業者による方針の表明 …………… 28
事業場外資源によるケア ……… 121, 128
事業場内産業保健スタッフ等によるケア ………………………………… 121, 125
仕事のストレス判定図 ………………… 90
自社対応 ……………………………… 109
私傷病休職 …………………………… 148
実施事務従事者 ……………… 12, 16, 42
実施事務従事者の守秘義務 ………… 98
実施者 …………………………… 12, 15
実施者の役割 ………………………… 41
実施代表者 …………………………… 16
実務担当者 …………………………… 42
社内規程の整備 ……………………… 31
就業上の措置 ……………… 82, 114, 132
集団ごとの集計・分析 …………… 16, 88
集団分析 ……………………………… 20
常時使用する労働者 ………………… 23
職業性ストレス簡易調査票 …… 50, 52
職業性ストレス簡易調査票（簡略版23項目） …………………………………… 55
助成金 ………………………………… 116
心理的な負担の程度を把握するための検査結果等報告書 ………………… 118
ストレスチェック ……………… 10, 15, 19
ストレスチェック結果の記録の内容 ……………………………………………… 68
ストレスチェック結果の記録保存 ……………………………………………… 69
ストレスチェック結果の通知 ……… 62
ストレスチェック結果の保存義務 … 68
ストレスチェック制度 …………… 10, 15
ストレスチェック制度実施規程例 … 32

ストレスチェック制度の対象となる事業場 ······················· 21
ストレスチェック制度の対象となる労働者 ····························· 24
ストレスチェックの検査項目 ········· 48
ストレスチェックの実施の事務
··· 16, 44
ストレスチェックの実施プログラム
··· 66, 110
ストレスチェックの受検 ··············· 25
精神障害の労災認定基準 ······· 137, 144
セクハラの現状 ···························· 143
セルフケア ···································· 121
全体の評価 ······································ 20

た

長期出張者の取扱い ······················ 25
調査票 ·· 50
調査票に含めることが禁止されている項目 ······································ 51
同意取得のタイミング ·················· 97

な

二次予防 ·· 10

は

派遣労働者へのストレスチェック
··· 113
パワハラの現状 ···························· 142
不利益取扱いの禁止 ···················· 100
包括同意 ·· 96

ま

面接指導 ································· 19, 76
面接指導結果の記録・保存の内容 ··· 84
面接指導自己チェック表 ·············· 79
面接指導における医師の医学上の指導内容 ·· 80
面接指導における医師の確認事項 ··· 80
面接指導の手段 ······························ 76
面接指導の場所 ······························ 78
面接指導の申出 ······························ 72
面接指導の申出の勧奨 ·················· 72
面接指導の申出の勧奨方法 ·········· 66

ら

ラインケア ··························· 121, 124
労働者からの同意の取得方法 ········ 96

165

坂本直紀（さかもと　なおき）
1968年東京生まれ。明治学院大学法学部法律学科卒。
大手メーカーにて法務・知的財産業務を経験した後、2003年、坂本社会保険労務士事務所開業。現在、坂本直紀社会保険労務士法人代表社員。社会保険労務士、中小企業診断士。企業の労務支援の他、メンタルヘルス、パワハラ、セクハラなどのセミナー講師としても活躍中。
「企業実務」の他、「労務事情」「人事マネジメント」「ビジネスガイド」など専門誌に寄稿している。共著書に『詳解　職場のメンタルヘルス対策の実務〔第2版〕』（民事法研究会）、『新版　労働関係法改正にともなう就業規則変更の実務』（清文社）、『判例にみる　労務トラブル解決のための方法・文例 第2版』（中央経済社）などがある。

ストレスチェック制度 導入と実施後の実務がわかる本
2015年12月20日　初版発行

著　者　坂本直紀　©N.Sakamoto 2015
発行者　吉田啓二
発行所　株式会社 日本実業出版社　東京都文京区本郷3-2-12　〒113-0033
　　　　　　　　　　　　　　　　大阪市北区西天満6-8-1　〒530-0047
　　　編集部　☎03-3814-5651
　　　営業部　☎03-3814-5161　振　替　00170-1-25349
　　　　　　　　　　　　　　　http://www.njg.co.jp/
　　　　　　　　　　　　　　　印刷／厚徳社　　製本／若林製本

この本の内容についてのお問合せは、書面かFAX（03-3818-2723）にてお願い致します。
落丁・乱丁本は、送料小社負担にて、お取り替え致します。
ISBN 978-4-534-05343-5　Printed in JAPAN

好評既刊書籍

現場が混乱しない運用フローをやさしく解説
マイナンバー制度の従業員教育とリスク管理がわかる本

社会保険労務士法人
名南経営・著
定価 本体 1600円（税別）

2016年1月以降のマイナンバーに関する実務を解説。運用面のわかりにくさによって現場が混乱している多くの企業にとって最大のキモといえる「従業員教育」と「情報漏えいを防ぐデータ管理法」を詳しく説明。各種規程や案内文の最新モデルも多数紹介。

雑誌・定期刊行物

企業実務

「経理・税務」「総務・法務」「人事・労務」の三本柱を中心に、企業の事務・管理部門に不可欠なすべての内容を横断的に網羅。役員・管理職から担当者・スタッフの教育まで、幅広く読める・使える専門情報誌です。経理・簿記、税務・会計、社会保険事務、ビジネスマナー、コンプライアンス等々、仕事の現場に即した実務処理の基礎知識から、制度・法改正などの最新事情までをどこよりもわかりやすくタイムリーに解説。毎号「別冊付録」として、旬な1テーマを選んでコンパクトにまとめた小冊子（16頁）も同梱。経理・総務・人事担当者を幅広くサポートする、事務職必携の"トラの巻"！

発売 **エヌ・ジェイ出版販売株式会社**

書店ではお求めになれません。お問い合わせは
📞 **03-5823-7320**
http://www.njh.co.jp/

- ●月刊 ●Ａ４変型判
- ●94頁（付録16頁）
- ●誌代・12冊分　20,400円
（税別。臨時増刊号を発行した時は、そのつど誌代を精算します。）

定価・誌代変更の場合はご了承ください。